Biblioteca de Obras Maestras del Pensamiento

# Correspondencia con Arnauld

# LEIBNIZ

Biblioteca de Obras
Maestras del Pensamiento

# Correspondencia con Arnauld

Traducción de:
VICENTE P. QUINTERO

EDITORIAL LOSADA
BUENOS AIRES

Leibniz, Gottfried Wilhelm
  Correspondencia con Arnauld. - 1ª ed. - Buenos Aires:
Losada, 2004. - 176 p.; 22 x 14 cm. - (Biblioteca de obras
maestras del pensamiento)

Traducido por Vicente P. Quintero
ISBN 950-03-9371-9

1. Filosofía Alemana-Correspondencia I. Título
CDD 836

Título original francés:
*Correspondance de Leibniz et d'Arnauld*

1ª edición en Biblioteca de Obras
Maestras del Pensamiento: agosto de 2005

© Editorial Losada, S. A.
   Moreno 3362,
   Buenos Aires, 1946

Distribución:
*Capital Federal:* Vaccaro Sánchez, Moreno 794 - 9° piso
(1091) Buenos Aires, Argentina.
*Interior:* Distribuidora Bertrán, Av. Vélez Sársfield 1950
(1285) Buenos Aires, Argentina.

Composición: *Taller del Sur*

Libro de edición argentina
Queda hecho el depósito que marca la ley 11.723
Impreso en la Argentina
*Printed in Argentina*

# Correspondencia de Leibniz y de Arnauld[1]

(1686-1690)

LEIBNIZ AL PRÍNCIPE ERNESTO, LANDGRAVE DE HESSE[2]

*11 de febrero de 1686*

Últimamente, encontrándome en un lugar en el cual no tenía nada que hacer durante algunos días, redacté un pequeño discurso de metafísica, sobre el cual desearía tener la opinión de M. Arnaud,[3] pues las cuestiones de la gracia, del concurso de Dios con las criaturas, de la naturaleza de los milagros, de la causa del pecado y del origen del mal, de la inmortalidad del alma, de las ideas, etc., son encaradas de una manera que parece proporcionar nuevas perspectivas adecuadas para aclarar dificultades muy grandes. Agrego aquí el sumario de los artículos que contiene, pues aún no he podido ponerlo en limpio. Suplico, por tanto, a V. A. S., que le envíe este sumario y le

---

[1] Antonio Arnauld, llamado el *Grande* (1612-1694). Teólogo jansenista francés, autor, entre otras muchas obras, de la *Lógica* (1662), conocida comúnmente por la *Lógica de Port-Royal*, escrita en colaboración con Nicole, y *Gramática general* (1664). Llevó una agitada vida de violenta y continua polémica con los jesuitas. Combatió también a Malebranche.

[2] Príncipe Ernesto, landgrave de Hesse (1623-1693). Jefe protestante convertido al catolicismo, del que fue gran difusor. Mantuvo correspondencia con Leibniz cuando éste trabajaba por la unión con Roma.

[3] Arnaud, así escribía Leibniz ese nombre.

ruegue considerarlo un poco y emitir su opinión, pues como sobresale igualmente en la teología y en la filosofía, en la lectura y en la meditación, no encuentro a nadie más adecuado que él para juzgarlo. Y desearía mucho tener un censor tan justo, tan ilustrado y tan razonable como M. Arnaud, pues estoy siempre dispuesto, como nadie en el mundo, a ceder a la razón. Quizá M. Arnaud no encuentre estas pocas cosas enteramente indignas de su consideración, sobre todo habiéndose ocupado bastante del examen de estas cuestiones. Si halla alguna oscuridad, yo me explicaré en forma amplia y sincera; y, en fin, si me encuentra digno de su instrucción, haré lo posible para que esté contento de mí. Suplico a V. A. S. que añada esto al sumario que le envío, y remita una y otra cosa a M. Arnaud.

1. De la perfección divina, y que Dios hace todo de la manera más deseable.

2. Contra los que sostienen que no hay bondad en las obras de Dios, o bien que las reglas de la bondad y de la belleza son arbitrarias.

3. Contra los que creen que Dios pudo obrar mejor.

4. Que el amor de Dios exige una entera satisfacción y aquiescencia respecto de lo que él hace.

5. En qué consisten las reglas de perfección de la divina conducta, y que la sencillez de los medios está equilibrada con las riquezas de los efectos.

6. Que Dios no hace nada fuera del orden, y que ni siquiera es posible concebir sucesos que no sean regulares.

7. Que los milagros son conformes con el orden general, aunque estén contra las máximas subalternas. De lo

que Dios quiere o permite, y de la voluntad general o particular.

8. A fin de distinguir las acciones de Dios y de las criaturas, se explica en qué consiste la noción de una substancia individual.

9. Que cada substancia singular expresa todo el universo a su manera, y que en su noción están comprendidos todos sus acontecimientos con todas sus circunstancias y la serie toda de las cosas exteriores.

10. Que la opinión de las formas substanciales tiene alguna solidez, pero que estas formas no cambian nada en los fenómenos, y no deben emplearse para explicar los efectos particulares.

11. Que las meditaciones de los teólogos y de los filósofos que se llaman escolásticos no deben despreciarse del todo.

12. Que las nociones que consisten en la extensión encierran un elemento imaginario y no podrían constituir la substancia del cuerpo.

13. Como la noción individual de cada persona encierra una vez por todas lo que le sucederá, pueden verse en esto las pruebas *a priori* o razones de la verdad de cada acontecimiento, o por qué ha ocurrido uno antes que otro. Pero estas verdades, aunque seguras, no dejan de ser contingentes, pues se fundan en el libre albedrío de Dios y de las criaturas. Es cierto que su elección tiene siempre sus razones, pero ellas inclinan sin compeler.

14. Dios produce diversas substancias, según las diferentes vistas que tiene del universo, y por la intervención de Dios la naturaleza propia de cada substancia obra de

modo que lo que sucede a una corresponde a lo que sucede a todas las demás, sin que ellas obren inmediatamente las unas sobre las otras.

15. La acción de una substancia finita sobre otra sólo consiste en el aumento del grado de su expresión a la vez que en la disminución del de la otra, en tanto que Dios las ha formado de antemano de manera que se correspondan mutuamente.

16. El concurso extraordinario de Dios está comprendido en lo que expresa nuestra esencia, pues esta expresión se extiende a todo; pero sobrepasa las fuerzas de nuestra naturaleza o de nuestra expresión distinta, que es finita y sigue ciertas máximas subalternas.

17. Ejemplo de una máxima subalterna de la ley de la naturaleza, en la cual se muestra que Dios conserva siempre de un modo regular la misma fuerza, pero no la misma cantidad de movimiento, contra lo que opinan los cartesianos y muchos otros.

18. La distinción de la fuerza y de la cantidad de movimiento es importante, entre otras cosas, para mostrar que hay que recurrir a consideraciones metafísicas independientes de la extensión, a fin de explicar los fenómenos de los cuerpos.

19. Utilidad de las causas finales en la física.

20. Pasaje memorable de Sócrates en el *Fedón* de Platón contra los filósofos demasiado materialistas.

21. Si las reglas mecánicas dependieran sólo de la geometría, sin intervención de la metafísica, los fenómenos serían muy diferentes.

22. Conciliación de las dos vías –la que se vale de causas finales y la que se sirve de las causas eficientes –para satisfa-

cer tanto a los que explican la naturaleza mecánicamente como a los que recurren a las naturalezas incorpóreas.

23. Para volver a las substancias inmateriales, se explica cómo obra Dios en el entendimiento de los espíritus, y si se tiene siempre idea de lo que se piensa.

24. En qué consiste un conocimiento claro y oscuro, distinto o confuso, adecuado o inadecuado, intuitivo o supositivo; definición nominal, real, causal, esencial.

25. En qué caso nuestro conocimiento va unido a la contemplación de la idea.

26. Tenemos en nosotros todas las ideas; y de la reminiscencia platónica.

27. Cómo puede compararse nuestra alma con tablillas vacías, y cómo nuestras nociones proceden de los sentidos.

28. Sólo Dios es el objeto inmediato de nuestras percepciones, objeto que existe fuera de nosotros, y él sólo es nuestra luz.

29. Sin embargo, pensamos inmediatamente por nuestras propias ideas, y no por las de Dios.

30. Cómo inclina Dios nuestra alma sin compelerla; que no se tiene derecho de quejarse; que no hay que preguntar por qué peca judas, puesto que esta acción libre está comprendida en su noción, sino sólo por qué judas, el pecador, es admitido a la existencia con preferencia a otras personas posibles. De la imperfección o limitación original antes del pecado, y de los grados de la gracia.

31. De los motivos de la elección, de la fe prevista, de la ciencia media, del decreto absoluto, y que todo se reduce a la razón de por qué Dios ha elegido y resuelto llamar a la existencia tal persona posible, cuya noción encierra una

serie semejante de gracias y de acciones libres; y que esto resuelve en seguida las dificultades.

32. Utilidad de estos principios en materia de piedad y de religión.

33. Explicación del comercio del alma con el cuerpo, que ha pasado por inexplicable o por milagroso, y del origen de las percepciones confusas.

34. De la diferencia entre los espíritus y las demás substancias, almas o formas substanciales. Y que la inmortalidad que se pide lleva consigo el recuerdo.

35. Excelencia de los espíritus; que Dios los prefiere a las demás criaturas; que los espíritus expresan más bien a Dios que al mundo, y que las demás substancias simples expresan más bien al mundo que a Dios.

36. Dios es el monarca de la más perfecta república compuesta de todos los espíritus, y la felicidad de esta ciudad de Dios es su principal designio.

37. Jesucristo ha revelado a los hombres, el misterio y las leyes admirables del reino de los cielos y la grandeza de la suprema felicidad que Dios prepara a los que le aman.

## A. ARNAULD AL LANDGRAVE

*Extracto de una carta de Arnauld del 13 de marzo de 1686.*

He recibido, monseñor, los pensamientos metafísicos de M. Leibniz que me habéis enviado como un testimonio de su afecto y su estimación, por lo que estoy muy reconocido; pero he estado tan ocupado desde aquel momento, que sólo he podido leer su escrito hace tres días. Y estoy ahora tan resfriado, que todo lo más que puedo es decir en dos palabras a V. A. que encuentro en esos pensamientos tantas cosas que me asustan, y que casi todos los hombres, si no me equivoco, encontrarán tan chocantes, que no veo la utilidad de un escrito que, al parecer, todo el mundo rechazará. Bástame citar como ejemplo de esto lo que dice en el art. 13: "Que el concepto individual de cada persona encierra una vez por todas lo que le sucederá siempre", etc. Si así fuera, Dios ha estado en libertad de crear (o de no crear a Adán; pero suponiendo que haya querido crearlo), todo lo que después ha sucedido al género humano, y lo que le sucederá siempre, ha debido y debe suceder por una necesidad más que fatal. En efecto, la noción individual de Adán comprendía que él tendría tantos hijos, y la noción individual de cada uno de estos hijos, todo lo que ellos harían y todos los hijos que tendrían, y así sucesivamente. No hay, por tanto, mayor libertad en Dios con respecto a todo esto, suponiendo que haya querido crear a Adán, que pretender que Dios, suponiendo que me ha querido crear, ha estado en libertad de no crear naturaleza alguna capaz de pensar. No puedo extenderme más sobre esto; pero M. Leibniz me comprenderá bien, y quizá no encuentre inconveniente en la consecuencia que yo extraigo. Pero si no encuentra ninguno, es de temer que no esté solo en su opinión. Y si me equivocase en esto, lo compadecería aún más. Pero no puedo ocultar a V. A. mi dolor por ser tal, al parecer, el apego de Leibniz a aquellas opiniones, las cuales cree inaceptables para la Iglesia católica, que ello le impide entrar en ésta, aunque recuerdo que V. A. le obligó a reconocer que no es posible racionalmente que no sea ella la verdadera Iglesia. ¿No valdría más que dejase estas especulaciones metafísicas, que no pueden ser de ninguna utilidad ni a él ni a los demás, para aplicarse seriamente a la mayor tarea que pueda jamás tener, que es asegurar su salvación ingresando a la Iglesia, de la cual no han podido salir las nuevas sectas sino haciéndose cismáticas? Leí ayer, por casualidad, una carta de San Agustín, en la cual resuelve diversas cuestiones que había propuesto un pagano que manifestaba querer convertirse al cristianismo, pero que aplaza constantemente el momento de hacerlo. Y dice al final, lo cual podría aplicarse a nuestro amigo: "Sunt innumerabilis quaestiones, quae non sunt finiendae ante fidem, ne finiatur vita sine fide".

## LEIBNIZ AL LANDGRAVE

*12 de abril de 1686.*

Monseñor:

No sé qué decir de la carta de M. Arnaud, y jamás hubiera creído que una persona cuya reputación es tan grande e innegable, y de la cual tenemos tan hermosas reflexiones sobre moral y lógica, fuese tan ligera en sus juicios. Después de esto no me asombra que algunos se hayan irritado con él. Sin embargo, sostengo que hay que aguantar algunas veces el mal humor de una persona de mérito tan extraordinario, con tal que su procedimiento no traiga consecuencias graves y que un retorno de la equidad disipe los fantasmas de una prevención infundada. Yo espero esa justicia de M. Arnaud. Y cualquiera que sea el motivo que tenga para quejarme, deseo suprimir todas las reflexiones que no son esenciales a la cuestión y que podrían agriar; pero espero que él obrará de igual manera, si tiene la bondad de instruirme. Sólo puedo asegurarle que ciertas conjeturas que hace son muy diferentes de lo que efectivamente es, que algunas personas de buen sentido han formulado otro juicio, y que a pesar del aplauso de éstas no me apresuro mucho a publicar algo sobre materias abstractas, las cuales son del gusto de muy pocos, puesto que, al cabo de algunos años, el público aún no conoce casi nada de algunos descubrimientos más plausibles que los míos. Sólo había escrito estas meditaciones para aprovecharme de los juicios de algunas personas hábiles y para confirmarme o corregirme en la investigación o conocimiento de las verdades más importantes. Es cierto que algunas personas de talento han aprobado mis opiniones, pero yo sería el primero en desengañarlas, si puedo juzgar que existe el menor inconveniente en esos principios. Esta declaración es sincera, y si merezco que M. Arnaud ejerza sobre mí esa caridad con la cual me habría de sacar de los errores que cree peligrosos, y cuyo mal declaro de buena fe no poder aún comprender, yo le quedaría, sin duda, muy agradecido. Pero espero que obrará con moderación y que me hará justicia, puesto que la merece el más insignificante de los hombres cuando se le hiere con un juicio precipitado.

Él escoge una de mis tesis para demostrar que es peligrosa. Pero, o soy incapaz de comprender la dificultad, o no veo ninguna, lo cual me ha sacado de mi sorpresa y me hace creer que lo que dice M. Arnaud sólo procede de la prevención. Trataré, pues, de quitarle esa opinión extraña que ha concebido demasiado ligero. Había dicho en el artículo 13 de mi sumario que la noción individual de cada persona encierra una vez por todas lo que le sucederá siempre; de aquí saca la consecuencia de que todo lo que sucede a una persona, y aun a todo el género humano, debe suceder por una necesidad más que fatal. ¡Como si las nociones o previsiones tornasen necesarias las cosas, y como si una acción libre no pudiese estar implicada en la noción o visión perfecta que tiene Dios de la persona a la que pertenecerá! Y agrega que quizá yo no encontraría inconveniente en aceptar la consecuencia que él saca. Sin embargo, había afirmado expresamente en el mismo artículo que no admitía semejante consecuencia. Es, pues, necesario o que dude de mi sinceridad, para lo cual no le he dado ningún motivo, o que no haya examinado bastante lo que refutaba; lo cual, sin embargo, no censuraré, como parece que tendría derecho a hacerlo, porque considero que escribía en un momento en el cual alguna incomodidad no le permitía la entera libertad de espíritu, según el testimonio de su misma carta. Y deseo mostrar cuánta es mi deferencia para con él.

Paso ahora a la prueba de su consecuencia, y para satisfacer mejor en este punto, expondré las propias palabras de M. Arnaud.

*Si esto es así* (a saber, que la noción individual de cada persona encierra una vez por todas lo que le sucederá siempre), "Dios no ha sido libre de crear todo lo que después ha sucedido al género humano, y lo que le sucederá siempre debe suceder por una necesidad más que fatal" (había un error en la copia, pero creo haberla corregido bien en la forma que acabo de hacer). "En efecto, la noción individual de Adán implicaba que tendría tantos hijos (lo cual admito) y la noción individual de cada uno de estos hijos, todo lo que ellos harían y todos los hijos que tendrían, y así sucesivamente" (cosa que admito también, pues no es sino mi tesis aplicada a algunos casos particulares). "No ha habido, por tanto, mayor libertad en Dios con respecto a todo esto, suponiendo que haya querido crear a Adán, que la que ha tenido de no crear naturaleza alguna capaz de pensar, suponiendo que me ha querido crear." Estas últimas palabras deben contener propiamente la prueba de la consecuencia; pero es evidente que confunden *necessitatem ex hypothesi* con la necesidad absoluta. Se ha distinguido siempre entre lo que Dios es libre de hacer absolutamente y lo que se obliga a hacer en virtud de ciertas resoluciones ya tomadas, y apenas si toma alguna fuera de la consideración del todo. Es poco digno de Dios concebirle (so pretexto de mantener su libertad), a la manera de algunos socinianos, como un hombre que toma resoluciones según las circunstancias, y que ahora no sería ya libre de crear lo que encuentra bueno, si sus primeras resoluciones con respecto a Adán u otros implican ya una relación que atañe a su posteridad. Por el contrario, todo el mundo está de acuerdo en que Dios ha regulado de toda eternidad el concierto todo del universo, sin que esto disminuya su libertad en manera alguna. Es patente también que esta objeción separa los actos de voluntad de Dios los unos de los otros, los cuales, sin embargo, están en relación mutua. En efecto, no hay que considerar la voluntad de Dios de crear un Adán particular separada de todos los demás actos de voluntad con respecto a los hijos de Adán y a todo el género humano, como si Dios concibiese primero el propósito de crear a Adán sin ninguna relación con su posteridad, y, no obstante, mediante esta decisión, se impidiese a sí mismo, según mi opinión, la libertad de crear la posteridad de Adán como bien le pareciese; lo cual sería razonar muy extrañamente. Por el contrario, más bien hay que considerar que al escoger Dios no un Adán único, sino un

Adán particular cuya perfecta representación se encuentra entre los seres posibles en las ideas de Dios, acompañada de determinadas circunstancias individuales, y que, entre otros predicados, posee también el de tener, con el tiempo, cierta descendencia; Dios, digo, al escogerle, tiene ya en cuenta su posteridad, y elige al mismo tiempo la una y el otro. En lo cual yo no podría comprender que haya mal alguno. Y si Dios obrase de otra manera, no obraría como un Dios. Me serviré de una comparación. Un príncipe sabio que elige a un general cuyos amigos conoce, escoge al mismo tiempo, en el fondo, algunos coroneles y capitanes que sabe bien que ese general recomendará, y que él no rechazará por ciertas razones de prudencia, lo cual, sin embargo, no destruye su poder absoluto ni su libertad. Todo esto tiene lugar en Dios con mucha más razón. Por tanto, para proceder exactamente hay que considerar en Dios cierta voluntad más general, más comprensiva que ejerce en vista de todo el orden del universo, puesto que el universo es como un todo que Dios penetra de una sola mirada. En efecto, esta voluntad comprende virtualmente los demás actos de voluntad referentes a lo que entra en este universo, y, entre ellos, también el de crear determinado Adán, el cual está en relación con la sucesión de su posteridad, que Dios ha escogido tal como es. Puede asimismo decirse que estos actos particulares de voluntad no difieren de la voluntad general sino por una simple relación, poco más o menos como la situación de una ciudad, mirada desde un cierto punto, difiere de su plano geométrico; pues dichos actos de voluntad expresan todo el universo, del mismo modo que cada situación expresa la ciudad. En efecto, cuanto más sabio se es, tanto menos separados son los actos de voluntad, y las miras y los actos de voluntad que se tiene son más comprensivos y ligados. Y cada acto de voluntad encierra una relación con todos los demás, a fin de estar concertados en la mejor forma posible. Muy lejos de encontrar en esto algo que choca, yo creo que lo contrario destruye la perfección de Dios. Y, según pienso, hay que ser poco dúctil o estar muy prevenido para encontrar en opiniones tan inocentes o, más bien, tan racionales, materia para exageraciones tan extrañas como las que se han dirigido a V. A. Además, una ligera consideración de lo que digo, revelará que es evidente *ex terminis*. En efecto, por la noción individual de Adán entiendo una perfecta representación de un determinado Adán que tiene condiciones individuales dadas, y que se distingue por esto de una infinidad de personas posibles muy semejantes, pero, sin embargo, diferentes de él (como toda elipse difiere del círculo por mucho que se le aproxime), prefiriéndole Dios a todas éstas porque le complugo escoger justamente un particular orden del universo; y todo lo que se sigue de su resolución sólo es necesario por una necesidad hipotética, y en manera alguna destruye la libertad de Dios ni la de los espíritus creados. Hay un Adán posible cuya posteridad es tal o cual, y una infinidad de otros cuya posteridad sería distinta. ¿No es cierto, entonces, que esos Adanes posibles (si así se les puede llamar) son diferentes entre sí, y que Dios ha elegido sólo uno, que es justamente el nuestro? Hay tantas razones que prueban la imposibilidad, por no decir el absurdo y hasta la impiedad de lo contrario, que creo que, en el fondo, todos los hombres son de la misma opinión cuando piensan un poco sobre lo que dicen. Quizá, también, si M. Arnaud no hubiese estado desde el principio tan prevenido contra mí, no habría encontrado tan extrañas mis proposiciones y no hubiera sacado de ellas semejantes consecuencias.

Creo, en conciencia, haber satisfecho la objeción de M. Arnaud, y estoy contento de ver que el pasaje que ha escogido como uno de los más chocantes, lo es muy poco, según mi opinión. Pero no sé si podría tener la dicha de hacer que M. Arnaud lo reconozca también. Las personas de mucho mérito, entre mil ventajas, tienen el pequeño defecto de que, asistiéndoles razón para fiarse de sus propias opiniones, no es fácil sacarlas del error. En cuanto a mí, que no tengo este carácter, me jactaría de confesar que me han instruido mejor, y hasta encontraría placer en ello, con tal que lo pudiera decir sinceramente y sin halago.

Por lo demás, deseo también que M. Arnaud sepa que no pretendo en manera alguna la gloria de innovador, como parece que ha tomado mis opiniones. Por el contrario, encuentro ordinariamente que las opiniones más antiguas y más aceptadas son las mejores. Y no creo que se pueda acusar a nadie de serlo cuando expresa sólo algunas verdades nuevas, sin invertir las opiniones establecidas. En efecto, esto es lo que hacen los geómetras y todos los que marchan adelante. Y no sé si será fácil señalar opiniones autorizadas que sean opuestas a las mías. Por esto, lo que M. Arnaud dice de la Iglesia nada tiene de común con estas meditaciones, y espero que él no querrá ni podrá asegurar que hay en ellas algo que pasaría por herético en cualquier Iglesia. Sin embargo, si la Iglesia en que se encuentra estuviese tan dispuesta a censurar, semejante procedimiento debería servir de advertencia para ponerse en guardia. Y desde que se quisiera dar a conocer alguna meditación que tuviera la menor relación con la religión, y que fuera un poco más allá de lo que se enseña a los niños, se correría el peligro de suscitar una querella, a menos que se tuviera por garante algún padre de la Iglesia que dijera la misma cosa *in terminis*; pero aun esto no bastaría, quizá, para una completa seguridad, sobre todo cuando no se tienen medios para hacerse tratar con miramientos.

Si V. A. S. no fuese un príncipe cuyas luces son tan grandes como su moderación, no me habría atrevido a hablarle de estas cosas; pero ahora, ¿a quién dirigirse sino a V. A. S.? Pues si ha tenido la bondad de facilitar esta comunicación, ¿se podría, sin imprudencia, buscar otro árbitro? Y ya que no se trata tanto de la verdad de algunas proposiciones como de su consecuencia y aceptación, no creo que V. A. S. apruebe que se le fulmine a uno por tan poca cosa. Pero quizá M. Arnaud ha hablado en esos términos duros por creer que yo admitiría la consecuencia que con razón encuentra horrorosa, y cambiará su lenguaje después de mi aclaración, a lo cual su propia equidad podrá contribuir tanto como la autoridad de V. A. Soy con devoción, etc.

## LEIBNIZ AL LANDGRAVE

*12 de abril de 1686.*

Monseñor,

He recibido el juicio de M. Arnaud, y creo oportuno sacarle de su error, si puedo, por medio del escrito en forma de carta que envío a V. A. S.; pero confieso que he tenido que esforzarme para reprimir el deseo ora de reír, ora de manifestar compasión hacia ese buen hombre que parece haber perdido efectivamente una parte de sus luces y no puede impedirse exagerarlo todo, como hacen los melancólicos, a los cuales parece negro todo lo que ven o piensan. He guardado mucha moderación hacia él, pero no he dejado de hacerle conocer suavemente que está equivocado. Si tiene la bondad de sacarme de los errores que me atribuye, y que cree ver en mis escritos, desearía que suprimiese las reflexiones personales y las expresiones duras que yo he disimulado por respeto a V. A. S. y por consideración al mérito de ese buen hombre. Sin embargo, admiro la diferencia que hay entre nuestros supuestos santones y las personas del mundo que no presumen de santos y que, sin embargo, lo son más. V. A. S. es un príncipe soberano y, sin embargo, ha mostrado hacia mí una moderación que he admirado. Y M. Arnaud es un teólogo famoso, a quien las meditaciones sobre las cosas divinas deberían haberle tornado suave y caritativo; sin embargo, lo que procede de él parece a menudo orgulloso y huraño y lleno de dureza. No me asombra ahora que se haya malquistado tan fácilmente con el P. Malebranche y otros que estaban seguros de ser sus amigos. El Padre Malebranche había publicado algunos escritos que el señor Arnaud ha tratado de extravagantes, poco más o menos como hace conmigo, pero el mundo no comparte siempre con gusto su opinión. Sin embargo, es preciso que se guarde uno mucho de irritar su humor bilioso. Esto nos privaría del placer y la satisfacción de un cambio de ideas tranquilo y razonable. Creo que recibió mi escrito cuando estaba de mal humor, y que, sintiéndose importunado por él, quiso vengarse con una respuesta desagradable. Sé que si V. A. S. dispusiese de tiempo para considerar la objeción que me hace, no podría menos de reírse al ver el poco motivo que hay para hacer exclamaciones tan trágicas, poco más o menos como uno reiría si escuchase a un orador que dijera a cada momento: *O coelum, o terra, o maria Neptuni!* Me sentiré feliz si mis pensamientos no tienen de chocante o de difícil más que lo que él objeta. Pues, según mi opinión, si lo que digo es verdadero (a saber, que la noción o consideración individual de Adán encierra todo lo que le sucederá a él y a su posteridad), se sigue, de acuerdo con M. Arnaud, que Dios ya no tendrá ahora libertad con respecto al género humano. Por tanto, se imagina a Dios como a un hombre que toma resoluciones según las circunstancias; mientras que Dios, previendo y regulando todas las cosas de toda eternidad, ha escogido desde el principio el orden y conexión del universo, y, por consiguiente, no un Adán simplemente, sino un determinado Adán, del cual preveía que haría determinadas cosas y que tendría determinados hijos, sin que esta providencia de Dios, regulada de toda eternidad, sea contraria a su libertad. En lo cual todos los teólogos (a excepción de algunos socinianos que conciben a Dios de una manera humana) están de acuerdo. Y me asombra que el deseo de encontrar no sé qué de chocante en mis pensamientos, cuya prevención había hecho nacer en su espíritu una idea confusa y mal digerida, haya llevado a este hombre sabio a hablar contra sus propias luces y opiniones. En efecto, no soy tan poco equitativo para imitarle e imputarle el dogma peligroso de esos socinianos, que destruye la soberana perfección de Dios, aunque parece inclinarse a aquél en el calor de la disputa. Todo hombre que obra sabiamente considera todas las circunstancias y relaciones de la resolución que toma en la medida de su capacidad. Y Dios, que ve todo perfectamente y de una sola mirada, ¿puede dejar de tomar resoluciones conforme con todo lo que ve? ¿Y pudo haber elegido un determinado Adán sin considerar ni resolver también todo lo que tiene conexión con él? Por consiguiente, es ridículo decir que esta resolución libre de Dios le quita su libertad. Si así no fuera, para ser siempre libre tendría que permanecer en estado de irresolución. He aquí los pensamientos que tanto han chocado a la imaginación de M. Arnaud. Veremos si, a fuerza de sacar consecuencias, podrá deducir de ellos algo peor.

 Sin embargo, la reflexión más importante que hago arriba, es que él mismo ha escrito expresamente otras veces a V. A. S. que por opiniones de filosofía no se haría jamás guerra a un hombre que pertenezca a su Iglesia o que quisiera ingresar a ella, y he aquí que él mismo ahora, olvidándose de su moderación, se desata en improperios por una pequeñez. Es, pues, peligroso aventurarse con personas de esta clase, y V. A. S. ve cuántas medidas hay que tomar. Una de las razones que he tenido para hacer comunicar estas cosas a M. Arnaud ha sido sondearlo un poco para ver cómo se conducía; pero *tange montes et fumigabunt*. Tan pronto como uno se aparta algo de la opinión de algunos doctores, prorrumpen en rayos y truenos. Creo que el mundo no compartirá su opinión, pero conviene siempre estar sobre aviso. Sin embargo, V. A. tendrá quizás ocasión de hacerle presente que obrar de esta manera es desairar a las personas sin necesidad, a fin de que en lo sucesivo obre con un poco más de moderación. Me parece que V. A. ha cambiado cartas con él sobre las vías de la sujeción, cuyo resultado desearía saber.

Por lo demás, S. A. S. mi señor se ha marchado ahora a Roma, y, al parecer, no volverá a Alemania tan pronto como se había creído. Iré uno de estos días a Wolfenbutel, y entonces trataré de recuperar el libro de V. A. Se dice que existe una historia de las herejías modernas, escrita por M. Varillas. La carta de Mastrich sobre las conversiones de Sedan parece muy razonable. Se dice que el señor Mainbourg refiere que San Gregorio el Grande aprobaba también el principio según el cual no hay que inquietarse si las conversiones de los heréticos son fingidas, con tal que con ellas se gane verdaderamente su posteridad, pero que no se permite matar almas para ganar otras.

## A. ARNAULD A LEIBNIZ

*13 de mayo de 1686.*

Señor,

He creído que debía dirigirme a vos mismo para pediros perdón del motivo que os haya dado para enojaros conmigo al servirme de términos demasiado duros para señalar lo que pensaba de una de vuestras opiniones. Pero os aseguro ante Dios que la falta que he podido cometer en esto no se ha debido a prevención contra vos, pues siempre he tenido de vos una opinión muy ventajosa, aparte de la religión a la cual os debéis por vuestro nacimiento; ni tampoco me encontraba de mal humor cuando escribí la carta que os ha herido, pues nada tan lejos de mi carácter como el enfado que algunas personas gustan de atribuirme; ni que por un apego demasiado grande a mis propios pensamientos, me haya disgustado al ver que los vuestros son contrarios, pues os aseguro que es tan poco lo que he meditado sobre estas materias, que puedo decir que no tengo sobre ellas opinión decidida. Os suplico, señor, que no creáis en estas suposiciones, y que os persuadáis de que la causa de mi indiscreción ha sido únicamente que, estando acostumbrado a escribir sin ceremonia a Su Alteza, porque es tan buena que excusa fácilmente todas mis faltas, me había imaginado que le podía decir francamente lo que no había podido aprobar en algunos de vuestros pensamientos, porque estaba muy seguro de que no lo sabrían otras personas, y que si os había comprendido mal, vos podríais indicar mi error sin que ello fuese más lejos. Pero espero, señor, que el mismo príncipe querrá dar pasos en favor de mi paz, pudiendo servirme, para comprometerlo en esto, lo que en otro tiempo dijo San Agustín en ocasión semejante. Éste había escrito muy duramente contra los que creen que se puede ver a Dios con los ojos del cuerpo, que era la opinión de un obispo de África, el cual, habiendo visto esa carta, que no estaba dirigida a él, se sintió muy ofendido por sus términos. Esto obligó a San Agustín a valerse de un amigo común para calmar a ese prelado, y os suplico considerar las cosas como si yo dijese al príncipe, para que se comunique a vos, lo que San Agustín escribió a ese amigo para que se lo dijera a aquel obispo: "Dum essem in admonendo sollicitus, in corripiendo nimius atque improvidus fui. Hoc non defendo, sed reprehendo: hoc non excuso, sed accuso. Ignoscatur, peto: recordetur nostram dilectionem pristinam, et obliviscatur offensionem novam. Faciat certe, quod me non fecisse succensuit: habeat lenitatem in danda venia, quam non habui in illa epistola conscribenda".

He considerado si no debía terminar aquí, sin entrar de nuevo en el examen de la cuestión que ha dado ocasión a nuestra desavenencia, por temor a que se me deslizase de nuevo alguna palabra que pudiese heriros. Pero, por otra parte, me doy cuenta que esto sería no tener buena opinión de vuestra equidad. Os diré, pues, simplemente las dificultades que aún tengo sobre la siguiente cuestión: "La noción individual de cada persona encierra una vez por todas lo que le sucederá siempre".

Me ha parecido que de esto se seguía que la noción inividual de Adán implicaba que tendría tantos hijos, y la noción individual de cada uno de sus hijos todo lo que ellos harían y todos los hijos que tendrían, y así sucesivamente; de donde he creído que podría inferirse que Dios ha sido libre de crear o no crear a Adán; pero en el supuesto de que lo haya querido crear, todo lo que ha sucedido después al género humano ha debido y debe acaecer por una necesidad fatal; o, a lo menos, que no hay en Dios más libertad con respecto a todo esto, en el supuesto de que haya querido crear a Adán, que de no crear una naturaleza capaz de pensar, en el supuesto de que haya querido crearme.

No me parece, señor, que hablando así haya confundido *necessitatem ex hypothesi* con la necesidad absoluta. En efecto, sólo hablo de la necesidad *ex hypothesi*. Pero lo único que encuentro extraño es que todos los acontecimientos humanos sean tan necesarios *necessitate ex hypothesi* por la sola suposición de que Dios ha querido crear a Adán, como es necesario *necessitate ex hypothesi* que haya habido en el mundo una naturaleza capaz de pensar por el solo hecho de que ha querido crearme.

Decís sobre esto diversas cosas de Dios, que no me parecen suficientes para resolver mi dificultad.

1. "Que se ha distinguido siempre entre lo que Dios es libre de hacer absolutamente y lo que se ha obligado a hacer en virtud de ciertas resoluciones ya tomadas." Esto es exacto.

2. "Que es poco digno de Dios concebirle (so pretexto de mantener su libertad) a la manera de los socinianos, y como un hombre que toma resoluciones según las circunstancias." Este pensamiento es un desatino, convengo en ello.

3. "Que no hay que separar los actos de voluntad de Dios, que mantienen una relación mutua. Y que, por tanto, no hay que considerar la voluntad de Dios de crear determinado Adán independientemente de todos los demás actos de voluntad que tiene con respecto a los hijos de Adán y a todo el género humano." En esto, también, convengo. Pero no veo aún que pueda servir para resolver mi dificultad.

1. Confieso, en efecto, de buena fe, que no he comprendido que por la noción individual de cada persona (por ejemplo, Adán), que decís encierra una vez por todas lo que debe ocurrirle siempre, hubieseis entendido esta persona, no en tanto que está en el entendimiento divino, sino en tanto que es en sí misma. Pues me parece que no es costumbre considerar la noción específica de una esfera en cuanto está representada en el entedimiento divino, sino con relación a lo que es en sí misma; y creía que era así también con respecto a la noción individual de cada persona o de cada cosa.

2. Sin embargo, me basta saber que éste es vuestro pensamiento para atenerme a él, indagando si esto resuelve toda la dificultad que ya enuncié, y es lo que no veo aún.

En efecto, estoy de acuerdo en que el conocimiento que Dios ha tenido de Adán, cuando ha resuelto crearlo, ha encerrado el conocimiento de todo lo que le ha sucedido y de todo lo que ha sucedido y debe suceder a su posteridad; y así, tomando en este sentido la noción individual de Adán, lo que decís de él es muy cierto.

Admito asimismo que la voluntad que ha tenido para crear a Adán, no ha estado separada de la que ha tenido con respecto a lo que le ha sucedido y con respecto a toda su posteridad.

Pero me parece que después de esto queda por preguntar (y aquí reside mi dificultad) si el enlace de esos objetos (quiero decir, Adán, por una parte, y todo lo que debe suceder tanto a él como a su posteridad, por la otra) es tal por sí mismo, independientemente de todos los decretos libres de Dios, o si ha dependido de ellos, es decir, si no es más que una consecuencia de los decretos libres por los cuales Dios ha ordenado todo lo que le sucedería a Adán y a su posteridad, el que haya conocido Dios todo lo que sucedería a Adán y a su posteridad; o si (independientemente de esos decretos) hay entre Adán, por una parte, y lo que ha sucedido y le sucederá a él y a su posteridad, por la otra, una conexión intrínseca y necesaria. Sin esto último no veo cómo lo que habéis dicho podría ser verdadero, a saber, que *la noción individual de cada persona encierra una vez por todas lo que le sucederá siempre,* aun tomando esta noción con relación a Dios.

Parece también que a este último sentido os atenéis; pues creo que suponéis que, según nuestra manera de concebir, las cosas posibles son posibles antes de todos los decretos libres de Dios; de donde se sigue que lo que está comprendido en la noción de las cosas posibles, lo está independientemente de todos los decretos libres de Dios.

Ahora bien, pretendéis *que Dios ha encontrado entre las cosas posibles un Adán posible acompañado de determinadas circunstancias individuales, y que, entre otros predicados, posee también el de tener con el tiempo una dada posteridad.* Hay, pues, según vos, una unión intrínseca, por así decirlo, e independiente de todos los decretos libres de Dios entre ese Adán posible y todas las personas individuales de toda su posteridad, y no sólo las personas, sino, en general, todo lo que debía sucederles. Ahora bien, esto, señor, no lo disimulo, es lo que me resulta incomprensible. En efecto, me parece que pretendéis que el Adán posible (que Dios ha escogido con preferencia a otros Adanes posibles) ha estado unido con la misma posteridad que el Adán creado, puesto que no es, según vos, hasta donde puedo juzgar de ello, sino el mismo Adán considerado ora como posible, ora como creado. Pues bien, esto supuesto, he aquí mi dificultad.

¿Cuántos hombres hay que no han venido al mundo sino por decretos libérrimos de Dios, como Isaac, Sansón, Samuel y muchos otros? Por tanto, cuando Dios los ha conocido juntamente con Adán, no ha sido porque estuviesen encerrados en la noción individual del Adán posible, independientemente de los decretos divinos.

Puede decirse la misma cosa de una infinidad de acontecimientos humanos que han acaecido por órdenes particularísimas de Dios, como, entre otras, la religión judaica y cristiana y, sobre todo, la encarnación del Verbo divino. No sé cómo podría decirse que todo esto estaba comprendido en la noción individual del Adán posible. Pues lo que se considera como posible debe tener todo lo que hay bajo esta noción, independientemente de los decretos divinos.

Además, señor, no sé cómo, tomando a Adán por ejemplo de una naturaleza singular, puedan concebirse muchos Adanes posibles. Es como si yo concibiese muchos yos posibles, lo cual, seguramente, es inconcebible. En efecto, no puedo pensar en mí sin que no me considere como una naturaleza singular, distinta de tal modo de toda otra existente o posible, que tan imposible me es concebir diversos yos como concebir un círculo que no tenga todos los diámetros iguales. La razón de esto es que esos diversos yos serían diferentes los unos de los otros; de lo contrario, no serían varios yos. Por tanto, sería menester que alguno de esos yos no fuese yo, lo cual es una contradicción manifiesta.

Permitid, señor, que transfiera a ese yo lo que decía de Adán, y juzgad vos mismo si esto sería sostenible. Dios ha encontrado en sus ideas de los seres posibles varios yos de los cuales uno tiene por predicados tener varios hijos y ser médico, y otro, vivir en el celibato y ser teólogo. Y habiéndose resuelto a crear el último, este yo encierra en su noción individual vivir en el celibato y ser teólogo, mientras que el primero habría encerrado en su noción individual ser casado y ser médico. ¿No es claro que este discurso carecería de sentido? Porque siendo mi yo necesariamente una determinada naturaleza individual, lo cual es la misma cosa que tener una determinada noción individual, es tan imposible concebir predicados contradictorios en la noción individual de mí como concebir un yo diferente de mí. De donde hay que concluir, según me parece, que, siendo imposible que no hubiese sido siempre yo, sea que me hubiese casado o que hubiese vivido en el celibato, la noción individual de mi yo no ha encerrado ni uno ni otro de estos dos estados; así como es correcto el siguiente razonamiento: este cuadrado de mármol es el mismo, ya esté en reposo, ya se le mueva; luego ni el reposo ni el movimiento está encerrado en su noción individual. Por esto, señor, me parece que no debo considerar como encerrado en la noción individual de mí sino lo que es tal, que ya no sería yo si ello no estuviese en mí; y todo lo que, por el contrario, es tal que podría estar en mí o no estar en mí sin que dejase de ser yo, no puede considerarse como encerrado en mi noción individual; aunque, por el orden de la providencia de Dios, que no cambia la naturaleza de las cosas, no pueda suceder que eso no esté en mí. Éste es mi pensamiento, que creo conforme con todo lo que han creído siempre todos los filósofos del mundo.

Lo que me confirma en ello es la dificultad que encuentro en creer que sea filosofar bien buscar en la manera cómo Dios conoce las cosas lo que debemos pensar, ya de sus nociones específicas, ya de sus nociones individuales. El entendimiento divino es la regla de la verdad de las cosas *quoad se;* pero no me parece que mientras estemos en esta vida pueda ser la regla *quoad nos.* En efecto, qué sabemos actualmente de la ciencia de Dios? Sabemos que conoce todas las cosas, y que las conoce todas por un acto único y muy simple, que es su esencia. Cuando digo que lo sabemos, entiendo con ello que estamos seguros que eso debe ser así. ¿Pero lo comprendemos? ¿Y no debemos reconocer, por seguros que estemos que es así, que nos es imposible concebir cómo puede ser? ¿Podemos igualmente concebir que, siendo la ciencia de Dios su esencia, también enteramente necesaria e inmutable, tiene, sin embargo, la ciencia de una infinidad de cosas que habría podido no tener, porque esas cosas habrían podido no ser? Sucede lo mismo con respecto a su voluntad, que es también su esencia misma, donde nada hay que no sea necesario, y, sin embargo, quiere y ha querido de toda eternidad algunas cosas que habría podido no querer. Encuentro también muchas incertidumbres en la manera como nos representamos ordinariamente la acción de Dios. Nos imaginamos que antes de querer crear el mundo ha encarado una infinidad de cosas posibles, de las cuales ha escogido unas y rechazado otras: varios Adanes posibles, cada uno con una serie de personas y de acontecimientos con los cuales tiene una relación intrínseca; y suponemos que la relación de todas estas otras cosas con uno de estos Adanes posibles es del todo semejante a la que sabemos que ha tenido el Adán creado con toda su posteridad; lo cual nos hace pensar que es éste, de todos los Adanes posibles, el que Dios ha escogido, y que ha rechazado todos los demás. Pero, sin detenerme en lo que ya he dicho: que tomando a Adán por ejemplo de una naturaleza singular, es tan imposible concebir diversos Adanes como concebir diversos yos, confieso de buena fe que no tengo ninguna idea de esas substancias puramente posibles, es decir, que Dios no creará jamás. Y me inclino mucho a creer que son quimeras que nos formamos, y que todo lo que llamamos substancias posibles no puede ser otra cosa que la omnipotencia de Dios, el cual, siendo un puro acto, no consiente en sí ninguna posibilidad; pero es posible concebir esto en las naturalezas que ha creado, porque no siendo ellas el ser mismo por esencia, están necesariamente compuestas de potencia y de acto; lo cual hace que yo las pueda concebir como posibles, siendo también esto posible con respecto a una infinidad de modificaciones que radican en la potencia de esas naturalezas creadas, tales como los pensamientos de las naturalezas inteligentes y las figuras de la substancia extensa. Pero me equivoco mucho si alguien osa decir que tiene la idea de una substancia posible, puramente posible. En efecto, estoy convencido de que, aunque se habla tanto de esas substancias puramente posibles, jamás se concibe, sin embargo, ninguna de ellas sino bajo la idea de alguna de las substancias que Dios ha creado. Me parece, pues, que podría decirse que, fuera de las cosas que Dios ha creado o que debe crear, no hay ninguna posibilidad pasiva, sino sólo una potencia activa e infinita.

Sea lo que fuere, todo lo que deseo concluir de esta oscuridad y de la dificultad de saber de qué manera son las cosas en el conocimiento de Dios y de qué naturaleza es el enlace que tienen entre sí, y si es una relación intrínseca o extrínseca, por así decirlo; todo lo que de esto deseo concluir, es que no debemos buscar en Dios, que habita un lugar inaccesible a nuestra mirada, las verdaderas nociones específicas o individuales de las cosas que conocemos, sino en las ideas de estas cosas que hallamos en nosotros. Ahora bien, encuentro en mí la noción de una naturaleza individual, puesto que encuentro allí la noción de mí. Por tanto, sólo tengo que consultarla para saber lo que está encerrado en esa noción individual, así como no tengo más que consultar la noción específica de una esfera para saber lo que está encerrado en ella. Ahora bien, para esto no tengo otra regla sino considerar aquello que es de tal manera, que sin ello una esfera no sería esfera, a saber: tener todos los puntos de su circunferencia igualmente distantes del centro: o de tal otra, que sin ello no cesaría de ser esfera, como es el no tener sino un pie de diámetro, mientras que otra esfera tendría diez o ciento. De esto juzgo que lo primero está encerrado en la noción específica de una esfera, y que lo último, que es tener un diámetro más grande o más pequeño, no está encerrado en ella. Aplico la misma regla a la noción individual de mí. Estoy seguro de que mientras pienso, soy yo. Pues no puedo pensar sin ser, ni ser, sin ser yo. Pero puedo pensar que haré un viaje, o que no lo haré, quedando muy seguro que ni lo uno ni lo otro impedirá que yo sea yo. Me encuentro, pues, muy seguro de que ni lo uno ni lo otro está encerrado en la noción individual de mí. Pero se dirá que Dios ha previsto que haríais ese viaje. Sea. ¿Es, pues, indudable que lo haréis? Sea también. Esto no cambia nada la certidumbre que yo tengo de que, haga o no haga el viaje, seré siempre yo. Por tanto, debo concluir en que ni lo uno ni lo otro entran en mi yo, es decir, en mi noción individual. Me parece que a esto hay que atenerse, sin recurrir al conocimiento de Dios para saber lo que encierra la noción individual de cada cosa.

He aquí, señor, lo que se me ha ocurrido sobre la proposición que me había preocupado y sobre la aclaración que habéis dado. No sé si he comprendido bien vuestro pensamiento; pero, al menos, ésa ha sido mi intención. Esta materia es tan abstracta que uno puede equivocarse fácilmente; pero sentiría mucho que tuvieseis de mí una opinión tan mala como aquellos que me representan como un escritor colérico que sólo refuta a otra persona calumniándola y tergiversando a sabiendas sus opiniones. No es éste, con seguridad, mi carácter. Puedo expresar a veces demasiado francamente mis pensamientos; puedo también a veces no comprender bien los pensamientos de los demás (pues, ciertamente, no me creo infalible, y habría que serlo para no equivocarse jamás); pero, aunque sólo fuese por amor propio, nunca los tergiversaría intencionadamente, pues nada encuentro tan bajo como valerse de chicanerías y de artificios en las disputas que se presentan en materia de doctrina, aunque fuese con personas que no amásemos, y con mayor razón cuando se trata de amigos. Creo, señor, que queréis os incluya en el número de éstos. No puedo dudar de que me hacéis el honor de estimarme, pues me habéis dado muchas pruebas de ello. Y, en cuanto a mí, os aseguro que la falta misma, que os suplico una vez más me perdonéis, no es sino consecuencia del cariño que Dios me ha inspirado hacia vos, y de un celo por vuestra salvación, que ha podido no ser bastante moderado.

Soy, señor,
Vuestro muy humilde y obediente servidor,

A. Arnauld.

## NOTAS A LA CARTA DE M. ARNAULD SOBRE MI PROPOSICIÓN DE QUE LA NOCIÓN INDIVIDUAL DE CADA PERSONA ENCIERRA UNA VEZ POR TODAS LO QUE LE SUCEDERÁ SIEMPRE

"He creído, dice M. Arnaud, que se podría inferir que Dios ha sido libre de crear o de no crear a Adán; pero en el supuesto de que lo haya querido crear, todo lo que ha sucedido después al género humano ha debido y debe acaecer por una necesidad fatal; o, a lo menos, que no hay en Dios más libertad con respecto a todo esto, en el supuesto que haya querido crear a Adán, que de no crear una naturaleza capaz de pensar, en el supuesto que haya querido crearme." Había respondido, en primer lugar, que hay que distinguir entre la necesidad absoluta y la hipotética. A lo cual el señor Arnaud replica que no habla sino de *necessitate ex hypothesi*. Después de esta declaración la disputa cambia de aspecto. El término de la necesidad fatal de que se había servido y que sólo se toma ordinariamente como una necesidad absoluta, me había obligado a hacer aquella distinción, que cesa ahora, puesto que M. Arnaud no insiste en la *necessitate fatali,* ya que habla alternativamente: "por una *necessitate fatali, o,* al menos, etc.". Por esto sería inútil disputar sobre la palabra. Pero en cuanto a la cosa, M. Arnaud encuentra aún extraño lo que sostengo, a saber, "que todos los acontecimientos humanos suceden *necessitate ex hypothesi* por la sola suposición de que Dios ha querido crear a Adán"; para lo cual tengo dos respuestas: una, que mi suposición no es simplemente que Dios ha querido crear un Adán cuya noción sea vaga e incompleta, sino que Dios ha querido crear determinado Adán en un individuo. Y esta noción individual completa encierra, en mi opinión, relaciones con toda la serie de las cosas, lo cual debe parecer tanto más razonable cuanto que M. Arnaud me concede aquí el enlace que hay entre las resoluciones de Dios, a saber, que Dios, al resolverse a crear determinado Adán, tiene en cuenta todas las resoluciones que toma sobre toda la serie del universo, a la manera de una persona prudente que, al tomar una resolución con respecto a un propósito, tiene en vista en su totalidad dicho propósito, ya que puede decidirse mejor cuando se resuelve sobre todas las partes a la vez.

La otra respuesta es que la consecuencia en virtud de la cual los acontecimientos se siguen de la hipótesis, es siempre segura, pero no siempre necesaria, *necessitate metaphysica*, como es la que se encuentra en el ejemplo de M. Arnaud (que Dios, al resolver crearme, no podría dejar de crear una naturaleza capaz de pensar); sólo que, a menudo, la consecuencia no es sino física, y supone algunos decretos libres de Dios, tales como las consecuencias que dependen de las leyes del movimiento, o las que dependen del principio moral de que todo espíritu se inclinará hacia aquello que le parecerá ser lo mejor. Es cierto que cuando la suposición de los decretos que producen la consecuencia se agrega a la primera suposición de la resolución de Dios de crear a Adán, que hacía de antecedente (para hacer un solo antecedente de todas estas suposiciones o resoluciones); es cierto, digo, que entonces la consecuencia se termina.

Como me había referido ya en cierto modo a estas dos respuestas en mi carta a Monseñor el Landgrave, M. Arnaud hace aquí algunas réplicas que es menester considerar. Admite de buena fe haber tomado mi opinión en el sentido de que todos los acontecimientos de un individuo se deducían, según mi pensamiento, de su noción individual, de la misma manera y con la misma necesidad que se deducen las propiedades de la esfera de su noción o definición específica, y como si yo hubiese considerado la noción del individuo en sí mismo, sin tener en cuenta la manera en que se da en el entendimiento o voluntad de Dios.

"Pues me parece que no es costumbre considerar la noción específica de una esfera en cuanto está representada en el entendimiento divino, sino con relación a lo que es en sí misma; y creía que era así también con respecto a la noción individual de cada persona"; pero agrega que le basta saber que éste es mi pensamiento para atenerse a él, y ver si esto resuelve toda la dificultad, cosa que duda aún. Veo que M. Arnaud no recuerda, o, al menos, no se preocupa de la opinión de los cartesianos, los cuales sostienen que Dios establece por su voluntad las verdades eternas, como las que se refieren a las propiedades de la esfera; pero como no comparto esta opinión, como tampoco M. Arnaud, sólo diré por qué creo que hay que filosofar de una manera muy diferente sobre la noción de una substancia individual que sobre la noción específica de la esfera. Es que la noción de una especie sólo encierra verdades eternas o necesarias; pero la noción de un individuo encierra *sub ratione possibilitatis* lo que es de hecho o lo que se relaciona con la existencia de las cosas y con el tiempo; por consiguiente, depende de algunos decretos libres de Dios considerados como posibles, pues las verdades de hecho o de existencia dependen de los decretos de Dios. Además, la noción de la esfera en general es incompleta o abstracta, es decir, en ella se considera sólo la esencia de la esfera en general o en teoría, sin tener en cuenta las circunstancias particulares. Por consiguiente, en manera alguna encierra lo que se requiere para la existencia de determinada esfera. Pero la noción de la esfera que Arquidemes hizo colocar en su tumba, es perfecta y debe encerrar todo lo que pertenece al objeto de esta forma. Por esta razón en las consideraciones individuales o consideraciones de práctica, *quae versantur circa singularia,* además de la forma de la esfera, entran la materia de que está hecha, el lugar, el tiempo y las demás circunstancias que, por un encadenamiento continuo, abarcarían finalmente toda la serie del universo si fuera posible seguir todo lo que encierran estas nociones. En efecto, la noción de esa partícula de materia con que está hecha esa esfera, encierra todos los cambios que ha sufrido y sufrirá. Y, según mi opinión, cada substancia individual contiene siempre huellas de lo que le ha sucedido y signos de lo que le sucederá siempre. Mas lo que acabo de decir quizá baste para explicar mi procedimiento.

Ahora bien, M. Arnaud declara que si se toma la noción individual de una persona con relación al conocimiento que Dios tuvo de ella cuando resolvió crearla, lo que yo digo de esa noción es muy exacto; y admite también que la voluntad de crear a Adán no estaba desligada de la voluntad sobre lo que le ha sucedido a él y a su posteridad. Pero pregunta ahora si el enlace entre Adán y los acontecimientos de su posteridad es dependiente o independiente de los decretos libres de Dios, "es decir, según se explica, si es sólo como consecuencia de los decretos libres por los cuales Dios ha ordenado todo lo que sucederá a Adán y a su posteridad, que Dios ha conocido lo que le sucedería; o si, independientemente de esos decretos, hay entre Adán y los acontecimientos susodichos una conexión intrínseca y necesaria". No duda que yo escogería el segundo partido; y, en efecto, no podría decidirme por el primero en la forma que acaba de explicarse; pero me parece que hay un término medio. Prueba, sin embargo, que debo escoger el último, porque considero la noción individual de Adán como posible al sostener que, entre una infinidad de nociones posibles, Dios ha elegido la de determinado Adán; ahora bien, las nociones posibles en sí mismas no dependen de los decretos libres de Dios.

Pero es necesario que en este punto me explique un poco mejor. Digo, pues, que el enlace entre Adán y los acontecimientos humanos no es independiente de todos los decretos libres de Dios; pero, también, que no depende de éstos completamente, como si cada acontecimiento no sucediese o no fuese previsto sino en virtud de un decreto particular primitivo hecho con este fin. Creo, pues, que sólo hay pocos decretos libres primitivos que pueden llamarse leyes del universo, que regulan las series de las cosas, los cuales, con el decreto libre de crear a Adán, terminan la consecuencia: poco más o menos como sucede en la explicación de los fenómenos, para lo cual sólo se precisan unas pocas hipótesis. Sobre esto hablaré con más claridad a continuación. Y en cuanto a la objeción de que los posibles son independientes de los decretos de Dios, lo concedo con respecto a los decretos actuales (aunque los cartesianos no convienen en ello); pero sostengo que las nociones individuales posibles encierran algunos decretos libres posibles. Por ejemplo, si este mundo fuera sólo posible, la noción individual de un cuerpo de este mundo, que encierra ciertos movimientos como posibles, encerraría también nuestras leyes del movimiento (que son decretos libres de Dios), pero, asimismo, como posibles solamente. En efecto, como hay una infinidad de mundos posibles, hay también una infinidad de leyes, unas adecuadas para esto, otras para aquello, y cada individuo posible de un mundo encierra en su noción las leyes de su mundo.

Puede decirse la misma cosa de los milagros u operaciones extraordinarias de Dios, que pertenecen también al orden general, se encuentran en conformidad con los principales designios de Dios y, por consiguiente, están encerrados en la noción de este universo, que es una consecuencia de esos designios. Así como la idea de un edificio resulta de los fines o propósitos del constructor, la idea o noción de este mundo es un resultado de esos designios de Dios, considerados como posibles. En efecto, todo se explica por su causa, y la causa del universo son los fines de Dios. Ahora bien, cada substancia individual, según mi opinión, expresa todo el universo desde cierto punto de vista, y, por consiguiente, expresa también aquellos milagros. Todo lo cual debe entenderse con respecto al orden general, los designios de Dios, la serie de este universo, la substancia individual y los milagros, ya se los tome en el estado actual, ya se los considere *sub ratione possibilitatis*. En efecto, otro mundo posible tendrá también todas estas cosas a su manera, aunque los designios del nuestro hayan sido preferidos.

Puede juzgarse también por lo que acabo de decir sobre los designios de Dios y sobre las leyes primitivas, que este universo tiene determinada noción principal o primitiva, de la cual los acontecimientos particulares no son más que consecuencias, salvo, sin embargo, la libertad y la contingencia, a la cual la certeza no perjudica, puesto que la certeza de los acontecimientos está fundada, en parte, en actos libres. Ahora bien, cada substancia individual de este universo expresa en su noción el universo, del cual forma parte. Y no sólo la suposición de que Dios haya resuelto crear este Adán, sino también la de cualquier otra substancia individual, encierra resoluciones para todo el resto, porque la naturaleza de una substancia individual consiste en tener una determinada noción completa de donde puede deducirse todo lo que es posible atribuirle e incluso todo el universo a causa de la conexión de las cosas. Sin embargo, para proceder exactamente hay que decir que no es tanto a causa de que Dios ha resuelto crear este Adán que ha decidido todo lo demás, sino que tanto la resolución que toma con respecto a Adán como la que toma con respecto a otras cosas particulares, es una consecuencia de la resolución que toma con respecto a todo el universo y a los principales designios que determinan su noción primitiva y establecen en ella el orden general e inviolable, al cual todo se conforma, sin que hayan de exceptuarse los milagros, que son, sin duda, conformes con los principales designios de Dios, aunque las máximas particulares que se llaman leyes de la naturaleza no se sigan siempre en ellos.

Había dicho que la suposición de la cual todos los acontecimientos humanos pueden deducirse, no es simplemente la de la creación de un Adán vago, sino la de un Adán particular, determinado en todas sus circunstancias y escogido entre una infinidad de Adanes posibles. Esto ha dado ocasión a M. Arnaud para objetar, no sin razón, que es tan imposible concebir diversos Adanes, si se toma a Adán por una naturaleza singular, como concebir diversos yos. Convengo en ello; pero debo, añadir que, al hablar de diversos Adanes, no tomaba a Adán por un individuo determinado. Es preciso, pues, que me explique. Y he aquí cómo lo entendía: Cuando se considera en Adán una parte de sus predicados, por ejemplo, que es el primer hombre, puesto en un huerto ameno, de cuya costilla sacó Dios una mujer, y cosas semejantes concebidas *sub ratione generalitatis* (es decir, sin nombrar a Eva, el paraíso y otras circunstancias que completan la individualidad), y se llama Adán a la persona a que se atribuyen estos predicados, no por esto se logra determinar completamente el individuo, pues puede haber una infinidad de Adanes, es decir, de personas posibles, diferentes entre sí, a quienes se aplique aquellos predicados. Y muy lejos de disentir de lo que M. Arnaud dice contra esa pluralidad de un mismo individuo, me he servido de ella para hacer entender mejor que la naturaleza de un individuo debe ser completa y determinada. Hasta estoy muy persuadido de lo que Santo Tomás había ya enseñado con respecto a las inteligencias, y que considero de aplicación general, a saber, que no es posible que haya dos individuos enteramente semejantes, o diferentes *solo numero*. No debe, pues, concebirse un Adán vago, es decir, una persona a la que pertenecen ciertos atributos de Adán, cuando se trata de determinar si todos los acontecimientos humanos se siguen de su suposición; sino que debe atribuírsele una noción tan completa, que todo lo que se le pueda atribuir se deduzca de ella. Ahora bien, no hay motivo para dudar que Dios no pueda formar semejante noción de Adán, o, más bien, que no la encuentre ya hecha en el país de los posibles, es decir, en su entendimiento.

Se sigue también que no habría sido nuestro Adán, sino otro, si hubiesen sucedido acontecimientos diferentes, pues nada nos impide decir que sería otro. Por tanto, es otro.

Nos parece evidente que ese cuadrado de mármol traído de Génova habría sido completamente el mismo si se lo hubiera dejado allí, porque nuestros sentidos nos hacen juzgar sólo superficialmente; pero, en el fondo, a causa de la conexión de las cosas, el universo entero con todas sus partes sería muy diferente, y habría sido otro desde el comienzo si la cosa más ínfima marchase de manera diferente. No por esta razón los acontecimientos son necesarios, sino que son seguros después de la elección que ha hecho Dios de este universo posible, cuya noción contiene este orden de cosas. Espero que lo que voy a decir podrá hacer que M. Arnaud lo acepte también.

Sea una línea recta ABC que representa un determinado tiempo. Y sea una substancia individual, por ejemplo, yo, que permanezco o subsisto durante ese tiempo. Tomemos, pues, primeramente a mí, que subsisto durante el tiempo AB, y también a mí, que subsisto durante el tiempo BC. Por tanto, puesto que se supone que es la misma substancia individual la que dura, o bien, que soy yo quien subsiste en el tiempo BC, y que estoy entonces en Alemania, tiene que haber necesariamente una razón que haga decir verdaderamente que duramos, es decir, que yo, que he estado en París, estoy ahora en Alemania. En efecto, si no hubiese ninguna razón, se tendría tanto derecho para decir que es otra persona. Es cierto que mi experiencia interior me ha convencido *a posteriori* de esta identidad, pero tiene que haber también una razón *a priori*. Ahora bien, no es posible encontrar otra, sino que tanto mis atributos del tiempo y estado precedentes, así como mis atributos y estado del tiempo siguientes, son predicados de un mismo sujeto, *insunt eidem subjecto*. Ahora bien, ¿qué quiere decir que el predicado está en el mismo sujeto sino que la noción del predicado se encuentra en cierta manera encerrada en la noción del sujeto? Y como, desde que he comenzado a ser, se podía decir de mí verdaderamente que esto o aquello me sucedería, hay que reconocer que esos predicados eran leyes comprendidas en el sujeto o en la noción completa de mí, que hacían que me llamara yo, el cual es el fundamento de la conexión de todos mis estados diferentes, y que Dios conocía perfectamente de toda eternidad. Después de esto creo que todas las dudas deben desaparecer; pues al decir que la noción individual de Adán encierra todo lo que le sucederá siempre, no quiero decir otra cosa sino aquello que todos los filósofos entienden cuando dicen *praedicatum inesse subjecto verae propositionis*. Es cierto que las consecuencias de una doctrina tan evidente son paradójicas, pero la culpa es de los filósofos que no buscan con ahínco las nociones más claras.

Creo que M. Arnaud, siendo como es tan penetrante y equitativo, no encontrará ya mi proposición tan extraña, aun cuando no pueda aprobarla completamente, bien que me jacte casi de su aprobación. Estoy de acuerdo con lo que juiciosamente añade sobre la circunspección que hay que guardar cuando se consulta la ciencia divina, a fin de saber lo que debemos juzgar de las nociones de las cosas. Pero, bien entendido, lo que acabo de decir debe tener lugar a pesar de que se hable de Dios sólo cuando es necesario. En efecto, aunque no se dijese que Dios, considerando el Adán a quien toma la resolución de crear, ve en él todos sus acontecimientos, es suficiente demostrar siempre que tiene que haber una noción completa de ese Adán que los contenga. Pues todos los predicados de Adán o dependen de otros predicados del mismo Adán, o no dependen de él absolutamente. Poniendo, pues, aparte los que dependen de otros, no se precisa más que reunir todos los predicados primitivos para formar la noción completa de Adán que baste para deducir de ella todo lo que debe ocurrirle siempre, hasta donde sea necesario para dar una explicación de él. Es manifiesto que Dios puede inventar, e incluso concibe efectivamente, semejante noción, que es suficiente para dar razón de todos los fenómenos que pertenecen a Adán; pero no es menos evidente que tal noción es posible en sí misma. Es cierto que a menos que exista una verdadera necesidad, no hay que entregarse a la investigación de la ciencia y voluntad divinas, a causa de las grandes dificultades que encierra; sin embargo, puede explicarse lo que de ella hemos sacado para nuestra cuestión, sin entrar en esas dificultades que menciona M. Arnaud, por ejemplo, si la simplicidad de Dios es compatible con las distinciones que tenemos que hacer en él. Es también muy difícil explicar perfectamente cómo tiene Dios una ciencia que habría podido no tener, que es la ciencia de la visión;[1] pues si no existiesen contingencias futuras, Dios no tendría la visión de ellas. Es cierto que no dejaría de tener la ciencia simple de esas contingencias, la cual se ha convertido en visión al añadirle su voluntad; de suerte que esa dificultad se reduce quizá a la que existe con respecto a su voluntad, a saber, cómo es libre Dios de querer. Esto excede, sin duda, nuestras capacidades, pero tampoco es necesario comprenderlo para resolver nuestro problema.

En lo que concierne a la manera según la cual concebimos que Dios obra cuando elige lo mejor entre varios posibles, M. Arnaud tiene razón al encontrar oscuridad en esto. Sin embargo, parece reconocer que estamos inclinados a concebir que hay una infinidad de primeros hombres posibles, cada uno con una gran serie de personas y de acontecimientos, y que Dios escoge de ellos aquel que le place junto con su serie. Todo esto no es tan extraño como le pareció al principio. Es cierto que M. Arnaud manifiesta que está muy inclinado a creer que esas substancias puramente posibles no son sino quimeras. Sobre lo cual no deseo discutir; pero espero que, no obstante esto, me concederá lo que necesito. Estoy de acuerdo en que no hay otra realidad en los puros posibles que la que tienen en el entendimiento divino; de lo cual puede verse que M. Arnaud tendrá que recurrir a la ciencia divina para explicarlos, mientras

---

[1] Visión en el sentido en que los profetas tenían visiones.

que antes parecía querer que se les debía buscar en sí mismos. Aunque admitiese también aquello de que M. Arnaud está convencido, y que no niego, a saber: que no concebimos nada posible sino por las ideas que se encuentran efectivamente en las cosas que Dios ha creado, esto no me perjudicaría. En efecto, cuando hablo de posibilidades, me contento con que puedan formarse de ellas proposiciones verdaderas. Por ejemplo, si no hubiese cuadrado perfecto en el mundo, no dejaríamos de ver que no implica contradicción. Y si se quisiesen rechazar absolutamente los puros posibles, se destruiría la contingencia; pues si nada es posible, excepto lo que Dios ha creado efectivamente, lo que Dios ha creado seria necesario, en caso de que Dios haya resuelto crear alguna cosa.

En fin, convengo en que para juzgar de la noción de una substancia individual es bueno consultar la que tengo de mí mismo, así como que precisa consultarse la noción específica de la esfera para juzgar sobre sus propiedades. Sin embargo, hay una diferencia considerable, puesto que la noción de mí y de toda otra substancia individual es infinitamente más extensa y más difícil de comprender que una noción específica como la de la esfera, que es incompleta. No es bastante que yo me sienta una substancia que piensa; habría que concebir distintamente lo que me distingue de todos los demás espíritus; pero sólo tengo de ello una experiencia confusa. Esto hace que, aunque sea fácil juzgar que el número de pies del diámetro no está encerrado en la noción de la esfera en general, no sea tan fácil juzgar si el viaje que proyecto hacer está encerrado en mi noción; de otra manera, nos sería igualmente fácil ser profetas que geómetras. No sé si haré el viaje, pero estoy seguro de que, sea que lo haga o no, yo seré siempre yo. Ésta es una convicción irreflexiva *(prévention)* que no hay que confundir con una noción o conocimiento distinto. Esas cosas nos parecen indeterminadas porque no podemos reconocer sus signos o marcas que se encuentran en nuestra substancia. Es como si los que consultan sólo los sentidos trataran de ridiculizar al que les dijese que el menor movimiento se comunica tan lejos como se extiende la materia, porque la experiencia no podría mostrarlo por sí sola; pero cuando se considera la naturaleza del movimiento y la materia, se convence uno de ello. Lo mismo sucede aquí: cuando se consulta la experiencia confusa que se tiene de la propia noción individual en particular, no trata uno de percibir ese enlace de los acontecimientos; pero cuando se consideran las nociones generales y distintas que entran en la noción de sí mismo, se le encuentra. En efecto, consultando la noción que tengo de toda proposición verdadera, encuentro que todo predicado necesario o contingente, pasado, presente o futuro, está comprendido en la noción del sujeto; y no pregunto más al respecto.

Creo también que esto nos abrirá una vía de conciliación, pues supongo que M. Arnaud sintió repugnancia en admitir mi proposición sólo porque tomó el enlace, cuya idea afirmo, por intrínseco y necesario, mientras que lo considero intrínseco, pero en manera alguna necesario; pues ya expliqué bastante que dicho enlace se funda en decretos y actos libres. No entiendo otra conexión del sujeto con el predicado que la que hay en las verdades más contingentes, es decir, que hay siempre algo que concebir en el sujeto que sirve para dar razón de por qué este predicado o este acontecimiento le pertenece, o por qué esto ha sucedido más bien que no. Pero estas razones de las verdades contingentes inclinan sin compeler. Es, pues, cierto que yo podría no hacer ese viaje, pero es seguro que lo haré. Este predicado o acontecimiento no está ligado de una manera cierta con mis otros predicados concebidos incompletamente o *sub ratione generalitatis;* pero está ligado de una manera cierta con una noción individual completa, puesto que supongo que esta noción se construyó expresamente de modo tal, que puede deducirse de ella todo lo que me sucedería. Esta noción se encuentra, sin duda, *a parte rei,* y es propiamente la noción de mí, que encuentro bajo diferentes estados, puesto que sólo esta noción puede comprenderlos a todos.

Tengo tanta deferencia hacia M. Arnaud y tan buena opinión de su juicio, que desconfío fácilmente de mis opiniones o, al menos, de mis expresiones desde que veo que él encuentra en ellas algo que repetir. Por esta razón he seguido exactamente las dificultades que ha propuesto, y habiendo tratado de satisfacerlas de buena fe, me parece que no me encuentro muy alejado de sus opiniones.

La proposición de que se trata es de muy grande importancia, y merece ser bien establecida, pues se sigue de ella que toda alma es como un mundo aparte, independiente de toda otra cosa, con excepción de Dios; que no sólo es inmortal e impasible, por así decirlo, sino que guarda en su substancia huellas de todo lo que le sucede. Se sigue también aquello en que consiste la comunicación de las substancias y, particularmente, la unión del alma y el cuerpo. Esa comunicación no se hace según la hipótesis ordinaria de la influencia física de la una sobre la otra, pues todo estado presente de una substancia acaece espontáneamente y no es más que un resultado de su estado precedente. Tampoco se hace dicha comunicación según la hipótesis de las causas ocasionales, como si Dios se mezclase en ellas ordinariamente de otra manera que conservando a cada substancia en su camino, y como si Dios, con ocasión de lo que sucede en el cuerpo, suscitase pensamientos en el alma que cambiasen el curso que, sin tal acción, habría tomado por sí misma; sino que tal comunicación se hace según la hipótesis de la concomitancia, que me parece convincente. Es decir, cada substancia expresa toda la serie del universo según el punto de vista o la relación que le es propia, de donde el que ellas armonicen perfectamente; y cuando se dice que la una obra sobre la otra, es que la expresión distinta de la que padece la acción disminuye, y aumenta en la que obra, en conformidad con la serie de pensamientos que su noción implica. Pues aunque toda substancia lo expresa todo, hay razón para no atribuirle en el uso sino las expresiones más distinguidas según su relación.

En fin, creo que después de esto las proposiciones contenidas en el resumen enviado a M. Arnaud parecerán no sólo más inteligibles, sino quizá más sólidas e importantes de lo que pudo parecer al principio.

LEIBNIZ A ARNAULD

*Hannover, 14 de julio de 1686.*

Señor,
Como estimo mucho vuestro juicio, me he alegrado al ver que habéis moderado vuestra censura, después de haber visto mi explicación sobre esta proposición que creo importante y que os había parecido extraña: "Que la noción individual de cada persona encierra una vez por todas lo que le sucederá siempre". Habéis inferido de ella primero esta consecuencia: que, supuesto que Dios haya resuelto crear a Adán, todo el resto de los acontecimientos humanos sucedidos a Adán y a su posteridad se habrían seguido de allí por una necesidad fatal, sin que Dios hubiese tenido libertad de disponer de ellos, como tampoco el poder de no crear una criatura capaz de pensar, una vez tomada la resolución de crearme.

A lo cual había respondido que, estando los designios de Dios con respecto a todo el universo ligados entre sí según su soberana sabiduría, no ha tomado ninguna resolución sobre Adán sin tomarla sobre todo lo que tiene alguna relación con él. No es, pues, a causa de la resolución tomada con respecto a Adán, sino a la tomada al mismo tiempo con respecto a todo lo demás (con la cual la que se refiere a Adán encierra una relación perfecta), que Dios se ha determinado sobre todos los acontecimientos humanos. En lo cual me parecía que no había necesidad fatal, ni nada contrario a la libertad de Dios, como tampoco en esa necesidad hipotética, generalmente admitida, con respecto a Dios, de ejecutar lo que ha resuelto.

Estáis de acuerdo, señor, en vuestra réplica con este enlace de las resoluciones divinas que había expresado, y tenéis vos mismo la sinceridad de confesar que habíais tomado al principio mi proposición de manera muy diferente, "porque no es costumbre" por ejemplo (son vuestras palabras), considerar la noción específica de una esfera en cuanto está representada en el entendimiento divino, sino con relación a lo que es en sí misma"; y que habéis creído "que era así también con respecto a la noción individual de cada persona".

En cuanto a mí, había creído que las nociones completas y comprensivas están representadas en el entendimiento divino tales como son en sí mismas. Pero ahora que conocéis mi pensamiento, basta esto para ateneros a él y para que examinéis si resuelve la dificultad. Parece, pues, que reconocéis que mi opinión, explicada de esta manera, sobre las nociones completas y comprensivas, tales como son en el entendimiento divino, no sólo es inocente, sino también cierta; pues he aquí vuestras palabras: "Estoy de acuerdo en que el conocimiento que ha tenido Dios de Adán cuando ha resuelto crearlo, ha encerrado el conocimiento de todo lo que le ha sucedido, y de todo lo que ha sucedido y debe suceder a su posteridad, y tomando en este sentido la noción individual de Adán, lo que decís es muy cierto". Vamos a ver luego en qué consiste la dificultad que todavía encontráis. Sin embargo, diré alguna palabra sobre la razón de la diferencia que hay en este punto entre las nociones de las especies y las de las substancias individuales, más bien con relación a la voluntad divina que con relación al simple entendimiento. Es que las nociones específicas más abstractas sólo comprenden las verdades necesarias o eternas, las cuales no dependen de los decretos de Dios (sea lo que de ello dijeren los cartesianos, de los cuales parece que no os ocupáis en este punto); pero las nociones de las substancias individuales, que son completas y capaces de distinguir enteramente su objeto, y que, por consiguiente, implican las verdades contingentes o de hecho y las circunstancias individuales de tiempo, lugar y otras, deben también implicar en su noción, tomada como posible, los decretos libres de Dios, tomados también como posibles, porque esos decretos libres son las fuentes principales de las existencias o hechos, mientras que las esencias están en el entendimiento divino antes de que la voluntad las considere.

Esto nos servirá mucho para entender todo lo demás y resolver las dificultades que aún parecen subsistir en mi explicación; pues así continuáis, señor: Pero parece que después de esto queda por preguntar, y aquí reside mi dificultad, si la unión de esos objetos (me refiero a Adán y a los acontecimientos humanos) es tal por sí misma, independientemente de todos los decretos libres de Dios, o si depende de ellos; es decir, si no es más que una consecuencia de los decretos libres por los cuales ha ordenado Dios todo lo que sucedería a Adán y a su posteridad, el que Dios haya conocido todo lo que le sucedería; o si, independientemente de esos decretos, hay entre Adán, por una parte, y lo que ha sucedido y sucederá a él y a su posteridad, por la otra, una conexión intrínseca y necesaria". Os parece que yo escogeré el último partido, porque he dicho: "Dios ha encontrado entre los posibles un Adán acompañado de determinadas circunstancias individuales, y que, entre otros predicados, posee también el de tener con el tiempo una dada posteridad". Ahora bien, vos suponéis que concederé que los posibles son posibles antes de todos los decretos libres de Dios. Suponiendo, pues, esta explicación de mi opinión conforme con el último partido, juzgáis que tiene dificultades invencibles; porque hay, como decís con mucha razón, "una infinidad de acontecimientos humanos, acaecidos por órdenes muy particulares de Dios, como, entre otros, la religión judaica y cristiana y, sobre todo, la encarnación del Verbo divino. Y no sé cómo podría decirse que todo esto (que ha sucedido por decretos libérrimos de Dios) estaba comprendido en la noción individual del Adán posible, pues lo que se considera como posible debe tener todo lo que hay bajo esta noción, independientemente de los decretos divinos".

He querido, señor, exponer con toda exactitud vuestra dificultad, y he aquí cómo espero responder de manera que sea de vuestro agrado. Porque es necesario que pueda resolverse, pues no podría negarse que haya verdaderamente tal noción plena del Adán, acompañada con todos sus predicados y concebida como posible, y la cual conoce Dios antes de resolverse a crearlo, como acabáis de admitirlo. Creo, pues, que el dilema de la doble explicación que proponéis tiene un término medio; y el enlace que concibo entre Adán y los acontecimientos humanos es intrínseco, pero no es necesario independientemente de los decretos libres de Dios, porque los decretos libres de Dios, considerados como posibles, entran en la noción del Adán posible, siendo estos mismos decretos, hechos ya actuales, la causa del Adán actual. Estoy de acuerdo con vos y contra los cartesianos, en que los posibles son posibles antes de todos los decretos actuales de Dios, pero no sin suponer algunas veces los mismos decretos tomados como posibles. En efecto, las posibilidades de los individuos o de las verdades contingentes encierran en su noción la posibilidad de sus causas, a saber, decretos libres de Dios, en lo cual difieren de las posibilidades de las especies o verdades eternas, que dependen sólo del entendimiento de Dios, sin suponer su voluntad, como ya lo he explicado antes.

Esto podría bastar; pero, a fin de hacerme entender mejor, añadiré que concibo una infinidad de maneras posibles de crear el mundo según los diferentes designios que Dios podía formar, y que cada mundo posible depende de algunos designios principales o fines de Dios, que le son propios, es decir, de algunos decretos libres primitivos (concebidos *sub ratione possibilitatis*) o leyes del orden general de ese universo posible, al cual se ajustan y cuya noción determinan, así como también las nociones de todas las substancias individuales que deben entrar en ese mismo universo. Y todo, incluso los milagros, cae en el orden, aunque éstos sean contrarios a algunas máximas subalternas o leyes de la naturaleza. Así, los acontecimientos humanos no podían dejar de acaecer como han acaecido efectivamente, supuesta la elección de Adán; pero no tanto a causa de la noción individual de Adán, aunque esta noción los encierra, como a causa de los designios de Dios, que entran también en esta noción individual de Adán, y que determinan la de todo este universo, y, tanto la de Adán como la de todas las demás substancias individuales de este universo, expresando cada substancia individual el universo todo, del cual forma parte según determinada relación, gracias a la conexión entre todas las cosas proveniente del enlace de las resoluciones o designios de Dios.

Veo, señor, que hacéis aún otra objeción, que, en apariencia, no se considera de consecuencias contrarias a la libertad, como la objeción que acabo de resolver, pero que arranca de la cosa misma y de la idea que tenemos de una substancia individual. En efecto, puesto que tengo la idea de una substancia individual, es decir, la idea de mí, es aquí donde os parece que hay que buscar lo que debe decirse de una noción individual, y no en la manera con que concibe Dios los individuos. Y así como no tengo más que consultar la noción específica de una esfera para juzgar que el número de pies del diámetro no se determina por esta noción, de igual modo (decís) veo claramente en la noción individual que tengo de mí que yo seré yo, sea que hiciera o no el viaje que he proyectado.

Para responder a esta objeción distintamente, diré que estoy de acuerdo en que la conexión de los acontecimientos, aunque cierta, no es necesaria, y que soy libre de hacer o de no hacer ese viaje, pues aunque está encerrado en mi noción que lo haré, está también encerrado que lo haré libremente. Y no hay nada en mí, de todo lo que puede concebirse *sub ratione generalitatis seu essentiae seu notionis specificos sive incompletae,* de donde pueda inferirse que yo lo haré necesariamente, mientras que del hecho de que soy hombre puede concluirse que soy capaz de pensar y, por consiguiente, si no hago el viaje, ello no refutará ninguna verdad eterna o necesaria. Sin embargo, puesto que es cierto que lo haré, es preciso que haya alguna conexión entre mí, que soy el sujeto, y la ejecución del viaje, que es el predicado, *semper enim notio praedicati inest subjecto in propositione vera.* Habría, pues, una falsedad si no lo hiciese, que destruiría mi noción individual o completa, o lo que Dios concibe o concebía de mí aun antes de resolver crearme; pues esta noción implica *sub ratione possibilitatis* las existencias o verdades de hecho o decretos de Dios, de los cuales dependen los hechos.

Estoy de acuerdo también en que para juzgar de la noción de una substancia individual, es bueno consultar la que tengo de mí mismo, así como en que hay que consultar la noción específica de la esfera para juzgar de sus propiedades, si bien hay mucha diferencia entre una y otra. Pues la noción de mí en particular y de toda otra substancia individual es infinitamente más extensa y más difícil de comprender que una noción específica como la de la esfera, noción ésta incompleta y que no encierra todas las circunstancias necesarias en la práctica para llegar a una esfera determinada. No basta para comprender lo que soy yo el que me sienta una substancia que piensa, pues sería necesario concebir distintamente lo que me distingue de todos los demás espíritus posibles; pero de esto no tengo sino una experiencia confusa. Esto hace que aunque sea fácil juzgar que el número de pies del diámetro no está encerrado en la noción de la esfera en general, no lo sea tanto juzgar con seguridad (aunque sí con probabilidad) si el viaje que intento hacer está encerrado en mi noción; de otra manera, sería tan fácil ser profeta como geómetra. Sin embargo, así como la experiencia no me podría hacer conocer una infinidad de cosas insensibles en los cuerpos, pero de cuya existencia me puede convencer la consideración general de la naturaleza del cuerpo y del movimiento, de la misma manera, aunque la experiencia no me haga sentir todo lo que está encerrado en mi noción, puedo saber en general que todo lo que me pertenece está encerrado en ella por la consideración general de la noción individual.

En verdad, puesto que Dios puede formar, y forma efectivamente, esta noción completa, que basta para dar razón de todos los fenómenos que me suceden, ella es, pues, posible, y es la verdadera noción completa de lo que llamo, yo, en virtud de la cual todos los predicados me pertenecen como sujeto de ellos. Por tanto, podría probarse esto, después de todo, sin mencionar a Dios más que en lo necesario para señalar mi dependencia; pero se expresa con más fuerza esta verdad si la noción de que se trata se saca del conocimiento divino como de su fuente. Confieso que hay muchas cosas en la ciencia divina que no podríamos comprender, pero me parece que no es necesario sumirnos en ella para resolver nuestra cuestión. Además, si en la vida de cualquier persona e incluso en todo este universo cualquier cosa obrase de otra manera que como lo hace, nada nos impediría afirmar que sería otra persona u otro universo posible lo que Dios habría escogido. Sería, pues, verdaderamente otro individuo. Es preciso también que haya una razón a *priori* (independiente de mi experiencia) que haga que se diga verdaderamente que soy yo el que ha estado en París, y que soy aún, y no otro, el que está ahora en Alemania, y, por consiguiente, es necesario que la noción de mí enlace o comprenda estos diferentes estados. De otra manera, se podría decir que no es el mismo individuo, aunque parezca serlo. Y, en efecto, algunos filósofos que no han conocido bastante la naturaleza de la substancia y de los seres indivisibles o seres *per se,* han creído que nada subsistía siendo verdaderamente lo mismo. Y por esta razón, entre otras, juzgo que los cuerpos no serían substancias si no hubiese en ellos más que la extensión.

Creo, señor, haber resuelto ahora las dificultades que se refieren a la proposición principal; pero como hacéis aún algunas observaciones de consecuencias importantes sobre algunas expresiones incidentales de que me había servido, trataré de explicarme de nuevo sobre ellas. Había dicho que la suposición de la cual todos los acontecimientos humanos pueden deducirse, no es la de crear un Adán vago, sino la de crear un Adán determinado con todas estas circunstancias, escogido entre una infinidad de Adanes posibles. Sobre lo cual hacéis dos observaciones importantes: una, contra la pluralidad de Adanes, y otra contra la realidad de las substancias simplemente posibles. En cuanto al primer punto, decís con mucha razón que es tan difícil concebir varios Adanes posibles, tomando a Adán por una naturaleza singular, como concebir varios yos. Estoy de acuerdo con esto; pero, cuando hablaba de varios Adanes, no tomaba a Adán por un individuo determinado, sino por cualquier persona concebida *sub ratione generalita*tis, bajo circunstancias que nos parece que determinan a Adán en un individuo, pero que, en realidad, no lo determinan bastante, como cuando se entiende por Adán el primer hombre que Dios puso en un huerto ameno, del cual salió por el pecado, y de cuya costilla extrajo una mujer. Pero todo esto no determina lo bastante, y habría, así, varios Adanes posibles separadamente o varios individuos a quienes todo eso convendría. Lo cual es cierto, cualquiera que sea el número finito de predicados incapaces de determinar todo el resto que se tome; pero lo que debe determinar un cierto Adán debe encerrar absolutamente todos sus predicados, y es esta noción completa la que determina *rationem generalitatis ad individuum*. Por lo demás, lejos de afirmar la pluralidad de un mismo individuo, estoy muy persuadido de lo que Santo Tomás había ya enseñado con respecto a las inteligencias, y que considero de aplicación general, a saber: que no es posible que haya dos individuos enteramente semejantes o diferentes *solo numero*.

En cuanto a la realidad de las substancias puramente posibles, es decir, de las substancias que Dios no creará jamás, decís, señor, estar muy inclinado a creer que son quimeras; a lo cual no me opongo si entendéis, como creo, que no tienen otra realidad que la que tienen en el entendimiento divino y en el poder activo de Dios. Sin embargo, veis en ello, señor, que hay necesidad de recurrir a la ciencia y poder divinos para explicarlas bien. Encuentro asimismo muy sólido lo que decís en seguida: "que no se concibe jamás ninguna substancia puramente posible sino bajo la idea de alguna (o por las ideas comprendidas en alguna) de las que Dios ha creado". Decís también: "Nos imaginamos que antes de crear el mundo, Dios ha considerado una infinidad de cosas posibles, de las cuales ha escogido unas y rechazado otras: varios Adanes (primeros hombres) posibles, cada uno con una gran serie de personas con las cuales tiene un enlace intrínseco; y suponemos que el enlace de todas estas cosas con uno de estos Adanes (primeros hombres) posibles, es muy semejante al que ha tenido el Adán creado con toda su posteridad; lo cual nos hace pensar que es éste, de todos los Adanes posibles, el que Dios ha elegido, y que ha desechado todos los demás". En lo cual parecéis reconocer, señor, que estos pensamientos, que confieso son míos (con tal que se entienda la pluralidad de los Adanes según la explicación que he dado, y que se tome todo esto según nuestra manera de concebir el orden en los pensamientos u operaciones que atribuimos a Dios), entran con bastante naturalidad en el espíritu cuando se piensa un poco en esta materia, y que hasta son inevitables; y quizá no os han disgustado sino porque habéis supuesto que no podría conciliarse el enlace intrínseco con los decretos libres de Dios. Todo lo que es actual puede concebirse como posible, y si el Adán actual tendrá con el tiempo una determinada posteridad, no podría negarse este mismo predicado en este mismo Adán concebido como posible, tanto más cuanto que concedéis que Dios considera en él todos estos predicados cuando determina crearlo. Por tanto, le peternecen, y no veo que lo que decís sobre la realidad de los posibles sea contrario a esto. Para llamar posible alguna cosa, me basta con que se pueda formar una noción de ella, aunque sólo esté en el entendimiento divino, que es, por así decirlo, el país de las realidades posibles. Así, al hablar de los posibles, me contento con que puedan formarse de ellos proposiciones verdaderas, como, por ejemplo, que un cuadrado perfecto no implica contradicción, aun cuando no haya un cuadrado perfecto en el mundo. Y si se quisiese rechazar absolutamente los puros posibles, se destruiría la contingencia y la libertad; porque si no hubiese nada posible más que lo que Dios ha creado efectivamente, lo que Dios ha creado sería necesario, y Dios, al querer crear algo, sólo podría crear eso, sin tener la libertad de elegir.

Todo esto me hace esperar (después de las explicaciones que he dado y a las cuales he llevado siempre razones, a fin de haceros ver que no son recursos hábiles para eludir vuestras objeciones) que, en fin de cuentas, vuestros pensamientos no están tan distantes de los míos como parecía al principio. Aprobáis, señor, el enlace de las relaciones de Dios; reconocéis mi proposición principal como verdadera, en el sentido que le di en mi respuesta. Vuestra única duda es si yo concebía el enlace independiente de los decretos libres de Dios, y esto, con mucha razón, os había afligido. Pero ya expliqué que, en mi opinión, aquél depende de éstos, y que no es necesario, aunque sea intrínseco. Habéis insistido en el inconveniente que habría en decir que si no hago el viaje que debo hacer, yo no seré yo, y he explicado cómo puede decirse esto y cómo no. En fin, he dado una razón decisiva que, a mi juicio, hace las veces de una demostración, a saber: que siempre, en toda proposición afirmativa verdadera, necesaria o contingente, universal o singular, la noción del predicado está comprendida, en cierto modo, en la del sujeto: *praedicatum inest subjecto*; o, sí así no es, no sé en qué consiste la verdad.

Ahora bien; no exijo aquí otro enlace que el que se encuentra a *parte rei* entre los términos de una proposición verdadera, y sólo en este sentido digo que la noción de la substancia individual encierra todos sus acontecimientos y todas sus denominaciones, incluso las que se llaman vulgarmente extrínsecas (es decir, que no le pertenecen sino en virtud de la conexión general de las cosas y porque expresa todo el universo a su manera), "puesto que es necesario que haya siempre algún fundamento de la conexión de los términos de una proposición, el cual debe encontrarse en sus nociones". Éste es mi gran principio, con el cual creo que deben estar de acuerdo todos los filósofos, y uno de cuyos corolarios es el axioma vulgar de que nada acaece sin razón, y que puede explicar siempre por qué la cosa es así y no de otra manera, bien que esta razón incline a menudo sin compeler, pues una perfecta indiferencia es una suposición quimérica o incompleta. Se ve que del principio susodicho saco consecuencias que sorprenden, pero esto se debe a que no hay costumbre de proseguir bastante los conocimientos más claros.

Por lo demás, la proposición que ha dado lugar a toda esta discusión es muy importante y merece que se la siente bien, pues se sigue de ella que toda substancia individual expresa el universo entero a su manera y bajo cierta relación, o, por así decirlo, según el punto de vista desde el cual lo mira; y que su estado siguiente es un resultado (aunque libre o bien contingente) de su estado anterior, como si sólo existiesen Dios y ella en el mundo. Así, cada substancia individual o ser completo es como un mundo aparte, independiente de toda cosa, con excepción de Dios. Nada tan importante como esto para demostrar, no sólo la indestructibilidad de nuestra alma, sino también que ella conserva siempre en su naturaleza las huellas de todos sus estados precedentes, con un recuerdo virtual que puede ser siempre excitado, puesto que tiene conciencia o conoce en sí misma lo que cada uno llama yo. Lo cual le hace susceptible de tener cualidades morales y de merecer el castigo y la recompensa, aun después de esta vida. En efecto, la inmortalidad sin el recuerdo no serviría aquí de nada. Mas esta independencia no impide la comunicación entre las substancias; pues como todas las substancias creadas son una producción continua del mismo soberano ser según los mismos designios, y expresan el mismo universo o los mismos fenómenos, ellas concuerdan perfectamente, y esto nos hace decir que una obra sobre otra, porque una expresa más distintamente que otra la causa o la razón de los cambios, poco más o menos como atribuimos el movimiento al buque más bien que a todo el mar, y esto con razón, bien que, hablando abstractamente, podría sostenerse otra hipótesis del movimiento, pues el movimiento en sí mismo, y haciendo abstracción de la causa, es siempre una cosa relativa. Es así cómo hay que entender, en mi opinión, la comunicación entre las substancias creadas, y no mediante una influencia o dependencia real física, la cual no podría concebirse jamás distintamente. Por esto, cuando se trata de la unión del alma y el cuerpo y de la acción o pasión de un espíritu con respecto a otra criatura, muchos se han visto obligados a admitir que su comercio inmediato es inconcebible. Sin embargo, me parece que la hipótesis de las causas ocasionales no satisface a un filósofo. En efecto, ella introduce una forma de milagro continuo, como si a cada momento Dios cambiase las leyes de los cuerpos con ocasión de los pensamientos de los espíritus, o cam biase el curso regular de los pensamientos del alma, excitando en ella otros pensamientos con ocasión de los movimientos del cuerpo, y, de un modo general, como si Dios se mezclase en todo esto de otra manera que como lo hace ordinariamente, es decir, conservando cada substancia en su camino y las leyes establecidas para ella. Por tanto, sólo la hipótesis de la concomitancia o del acuerdo recíproco de las substancias explica todo de una manera conveniente y digna de Dios, y es, incluso, demostrativa e inevitable, a mi juicio, según la proposición que acabamos de sentar. Me parece también que concuerda mucho mejor con la libertad de las criaturas racionales que la hipótesis de las impresiones o la de las causas ocasionales. Dios ha creado desde el principio el alma de tal suerte, que de ordinario no tiene necesidad de verificar esos cambios; y lo que sucede al alma nace de su propio fondo, sin que deba conformarse después al cuerpo, ni tampoco el cuerpo al alma. Siguiendo cada uno sus leyes, y obrando la una libremente y el otro sin elección, coinciden en los mismos fenómenos. El alma, sin embargo, no deja de ser la forma de su cuerpo, porque expresa los fenómenos de todos los demás cuerpos según la relación con el suyo.

 Quizá alguien se sorprenderá de que niegue la acción de una substancia corporal sobre otra, que, sin embargo, parece tan clara. Pero, además de que otros ya la han negado, hay que considerar que se trata más bien de un juego de la imaginación que de una concepción distinta. Si el cuerpo es una substancia y no un simple fenómeno, como el arco iris, ni un ser unido por accidente o por agregación, como un montón de piedras, no puede consistir en la extensión, y es necesario concebir algo que se llama forma substancial y que responde en cierta manera al alma. He llegado a convencerme al fin de esto, y como a pesar de mí mismo, después de haber abrigado una idea muy diferente en otro tiempo. Sin embargo, por mucho que apruebe a los escolásticos en esta explicación general y, por así decirlo, metafísica de los principios de los cuerpos, soy todo lo partidario que es posible de la teoría corpuscular en la explicación de los fenómenos particulares; y de nada vale recurrir aquí a las formas o a las cualidades. Hay que explicar siempre la naturaleza matemática y mecánicamente, con tal que se sepa que los principios mismos o leyes de la mecánica o de la fuerza no dependen sólo de la extensión matemática, sino de algunas razones metafísicas.

Después de todo eso creo que hallaréis las proposiciones contenidas en el resumen que os fue enviado, no sólo más inteligibles, sino quizá más sólidas y más importantes de lo que pudo parecer al principio.

... Y en cuanto a la metafísica, pretendo proporcionar en ella demostraciones, suponiendo sólo dos verdades primitivas, que son, en primer lugar, el principio de contradicción, pues, de otra manera, si dos contradictorias pudiesen ser verdaderas al mismo tiempo, todo razonamiento se tornaría inútil; y, en segundo lugar, que nada hay sin razón, o que toda verdad tiene su prueba *a priori*, sacada de la noción de los términos, aunque no siempre podamos realizar este análisis. Yo reduzco toda la mecánica a una sola proposición de metafísica, y tengo varias proposiciones importantes y geometriformes referentes a las causas y efectos, así como sobre la similitud de la que doy una definición mediante la cual demuestro fácilmente varias verdades que Euclides ofrece por rodeos.

Por lo demás, no apruebo mucho el proceder de los que recurren siempre a sus ideas cuando están por terminar sus pruebas, y que abusan del principio de que toda concepción clara y distinta es buena, pues sostengo que hay que buscar los signos de un conocimiento distinto, y como pensamos a menudo sin ideas y sólo empleando caracteres en lugar de las ideas en cuestión, cuyo significado suponemos falsamente saber, y, además, como nos formamos quimeras imposibles, sostengo que la prueba de una idea verdadera es que pueda demostrarse su posibilidad, ora a *priori*, concibiendo su causa o razón, ora *a posteriori*, cuando la experiencia nos enseña que se encuentra efectivamente en la naturaleza. Por esto en mi doctrina las definiciones son reales cuando se conoce que lo definido es posible; de otra manera no son sino nominales, y no hay que fiarse de ellas; pues si por azar lo definido implicase contradicción, podrían sacarse dos consecuencias contradictorias de una misma definición. Por esto habéis tenido mucha razón al decir al Padre Malebranche y a otros que hay que distinguir entre las ideas verdaderas y las falsas y no entregarse mucho a la propia imaginación so pretexto de una intelección clara y distinta; y como no conozco casi a nadie que pueda examinar mejor que vos toda suerte de pensamientos, particularmente aquellos cuyas consecuencias alcanzan a la teología, pues pocas personas tienen la penetración y universalidad de saber que esto requiere, así como pocas también las que poseen esa equidad que me habéis demostrado, ruego a Dios conservaros mucho tiempo y no privarnos muy pronto de una ayuda que no se encontrará tan fácilmente.

Soy con sincera pasión, Señor, etc.

## A. ARNAULD A LEIBNIZ

*28 de septiembre de 1686.*

He creído, señor, poder servirme de la libertad que me habéis dado para no apresurarme a responder a vuestras cortesías. Y, así, he diferido mi respuesta hasta haber terminado una obra que había comenzado. He ganado mucho con haceros justicia, puesto que nada tan honesto y cortés como la manera con que habéis recibido mis excusas. No necesitaba tanto para decidirme a confesaros de buena fe mi satisfacción al ver cómo explicáis lo que me había chocado al principio en lo tocante a la noción de la naturaleza individual, pues un hombre de honor no debe sentir dificultades en someterse a la verdad tan pronto como se la ha hecho conocer. Me ha impresionado sobre todo esta verdad: que en toda proposición afirmativa verdadera, necesaria o contingente, universal o singular, la noción del atributo está comprendida en cierta manera en la del sujeto: *praedicatum inest subjecto*.

La única dificultad que aún me queda es sobre la posibilidad de las cosas y sobre la manera de concebir a Dios como habiendo escogido el universo que ha creado entre una infinidad de otros universos posibles que ha visto al mismo tiempo y que no ha querido crear. Pero como esto no tiene propiamente nada que ver con la noción de la naturaleza individual, y como tendría que discurrir demasiado para hacer entender bien lo que pienso al respecto, o, más bien, lo que encuentro que replicar en los pensamientos de los demás, pues no me parecen dignos de Dios, vos tendréis a bien, señor, que no os diga nada sobre esta cuestión.

Prefiero suplicaros que me aclaréis dos cosas que encuentro en vuestra última carta, que me parecen importantes, pero que no comprendo bien.

La primera es lo que vos entendéis por "hipótesis de la concomitancia y del acuerdo mutuo de las substancias", mediante la cual pretendéis que se debe explicar lo que sucede en la unión del alma y el cuerpo y la acción o pasión de un espíritu con respecto a otra criatura. Pues yo no concibo lo que vos decís para explicar ese pensamiento que no concuerda, según vos, ni con los que creen que el alma obra físicamente sobre el cuerpo y el cuerpo sobre el alma, ni con los que creen que sólo Dios es la causa física de esos efectos, y que el alma y el cuerpo no son sino sus causas ocasionales. "Dios, decís, ha creado el alma de tal suerte, que de ordinario no tiene necesidad de esos cambios, y lo que sucede al alma le nace de su propio fondo, sin que deba después conformarse al cuerpo, ni tampoco el cuerpo al alma. Siguiendo cada uno sus leyes, y obrando la una libremente, sin elección el otro, coinciden en los mismos fenómenos."

Algunos ejemplos servirán para hacer entender mejor vuestro pensamiento. Me producen una herida en el brazo. Esto no es, con respecto a mi cuerpo, más que un movimiento corporal; pero mi alma tiene pronto un sentimiento de dolor, que no tendría sin aquello que ha sucedido en mi brazo. Se pregunta cuál es la causa de ese dolor. Vos no queréis que mi cuerpo haya obrado sobre mi alma, ni que sea Dios quien, con ocasión de lo que ha sucedido en mi brazo, haya formado inmediatamente en mi alma ese sentimiento de dolor. Es necesario, pues, que creáis que sea el alma la que lo ha formado, y que esto sea lo que entendéis cuando decís que "lo que sucede en el alma con ocasión del cuerpo le nace de su propio fondo". San Agustín era de esta opinión, porque creía que el dolor corporal no era otra cosa que la tristeza del alma provocada por su cuerpo mal dispuesto. Pero qué puede responderse a los que objetan que, en tal caso, sería necesario que el alma supiese que su cuerpo está mal dispuesto, antes de estar triste, cuando, al parecer, es el dolor el que le advierte que su cuerpo está mal dispuesto.

Consideremos otro ejemplo, en el cual el cuerpo tiene algún movimiento con ocasión de algo que acaece en mi alma. Si deseo quitarme el sombrero, levanto mi brazo en alto. Este movimiento de mi brazo de abajo hacia arriba no se produce según las reglas ordinarias de los movimientos. ¿Cuál es, pues, su causa? Es que los espíritus, habiendo entrado en ciertos nervios, los han hinchado. Pero esos espíritus no se han determinado por sí mismos a entrar en esos nervios, o sea, que ellos no se han dado a sí mismos el movimiento que les ha hecho entrar en esos nervios. ¿Quién, pues, se los ha comunicado? ¿Es Dios, con ocasión de que he querido yo levantar el brazo? Esto es lo que no aprobábais. Por tanto, parece que sea nuestra alma. Y, sin embargo, parece que tampoco admitís esto, pues tal cosa sería obrar físicamente sobre el cuerpo. Y me parece que creéis que una substancia no obra nunca físicamente sobre otra.

La segunda cosa sobre que deseo me ilustréis es lo que decís con esto: "Que a fin de que el cuerpo o la materia no sea un simple fenómeno, como el arco iris, ni un ser unido por accidente o por agregación, como un montón de piedras, no puede consistir en la extensión, y que es necesario algo que se llame forma substancial, y que responda en cierta manera a lo que se llama alma". Hay muchas cosas que aclarar aquí.

1. Nuestro cuerpo y nuestra alma son dos substancias realmente distintas. Ahora bien, si se pone en el cuerpo una forma substancial, además de la extensión, no es posible imaginar que sean dos substancias distintas. No se ve, pues, que esta forma substancial tenga relación alguna con lo que llamamos nuestra alma.

2. Esta forma substancial del cuerpo debería ser, o extensa y divisible, o inextensa e indivisible. Si se afirma lo último, parece que sería tan indestructible como nuestra alma. Y si se afirma lo primero, parece que no se consigue más con esto para hacer que los cuerpos sean *unum per se*, que si sólo consistiesen en la extensión. Pues la divisibilidad de la extensión en una infinidad de partes es lo que hace que cueste trabajo concebir su unidad. Ahora bien, esta forma substancial no remediará esta dificultad, si es tan divisible como la extensión misma.

3. ¿Es la forma substancial de un piso de mármol la que hace que sea uno? Si así fuera, ¿en qué se convierte esa forma substancial cuando cesa de ser uno, porque se lo

rompe en dos? ¿Es anodada o se convierte en dos? Lo prinmero es inconcebible, si esta forma substancial no es una manera de ser, sino una substancia. Y no puede decirse que es una manera de ser o modalidad, puesto que sería necesario que la substancia cuya modalidad sería esta forma fuese la extensión. Lo cual, al parecer, no es vuestro pensamiento. Y si esta forma substancial, de una que era, se convierte en dos, ¿por qué no podrá decirse otro tanto de la extensión sola sin esta forma substancial?

4. ¿Dais a la extensión una forma substancial general, tal como la admitieron algunos escolásticos, llamándola *formam corporeitatis*, o queréis que haya tantas formas substanciales diferentes como cuerpos diferentes y especies diferentes cuando son cuerpos diferentes de especies?

5. ¿Dónde ponéis la unidad que se da a la tierra, al sol, a la luna, cuando se dice que sólo hay una tierra que habitamos, un sol que nos alumbra, una luna que gira tantos días alrededor de la tierra? ¿Creéis que sea necesario para esto que la tierra, por ejemplo, compuesta de tantas partes heterogéneas, tenga una forma substancial que le sea propia y que le dé esa unidad? No hay signos de que lo creáis. Diré lo mismo de un árbol, de un caballo, y de aquí pasaré a todos los cuerpos mixtos. Por ejemplo, la leche se compone de suero, nata y cuajo. ¿Tiene tres formas substanciales, o sólo tiene una?

6. En fin, se dirá que no es digno de un filósofo admitir entidades de las cuales no se tiene una idea clara y distinta; que no se tiene ninguna idea de esas formas substanciales, y que, además, según vos, no se las puede probar por sus efectos, puesto que admitís que sólo por la filoso-

fía corpuscular pueden explicarse todos los fenómenos particulares de la naturaleza, y que es como no decir nada alegar esas formas.

7. Hay cartesianos que, para encontrar la unidad en los cuerpos, han negado que la materia fuese divisible al infinito y que debían admitirse átomos indivisibles. Pero creo que no compartiréis esta opinión.

He examinado vuestro pequeño impreso y me ha parecido muy sutil, Pero tened cuidado de que los cartesianos no puedan responderos que no va contra ellos, porque parece que suponéis una cosa que tienen por falsa, a saber, que una piedra, al descender, se da a sí misma esa mayor velocidad que adquiere cuanto más desciende. Dirán que esto se debe a los corpúsculos, los cuales, al subir, hacen descender todo lo que encuentran en su camino y le comunican parte de su movimiento, y, por consiguiente, no hay que asombrarse si el cuerpo B, cuádruplo de A, tiene más movimiento cuando desciende un pie que el cuerpo A cuando desciende cuatro pies, porque los corpúsculos que han impulsado a B le han comunicado movimiento en proporción a su masa, y los que han impulsado a A, en proporción a la suya. No os aseguro que esta respuesta sea buena, pero creo, al menos, que debéis ver si se aplica al caso, y me agradaría saber lo que los cartesianos han dicho sobre vuestro escrito.

No sé si habéis examinado lo que dice Descartes en sus cartas sobre su principio general de mecánica. Me parece que, queriendo mostrar por qué la misma fuerza puede levantar, por medio de una máquina, el doble o el cuádruple de lo que levantaría sin máquina, declara que no tiene en cuenta la velocidad. Pero no tengo sobre esto sino un recuerdo confuso. En efecto, jamás me he aplicado a esas casas sino por casualidad y en horas de ocio, y hace más de veinte años que no leo ningún libro de esta materia.

No deseo, señor, que os apartéis de ninguna de vuestras ocupaciones, por poco importante que sea, para resolver las dos dudas que os propongo. Haréis de ellas lo que quisierais y cuando os parezca.

Quisiera saber si no habéis dado la última mano a dos máquinas que habíais inventado estando en París, la una, de aritmética, que parecía mucho más perfecta que la de Pascal, y la otra un reloj enteramente exacto.

Soy vuestro,

## LEIBNIZ A ARNAULD

*Hannover, 28 de noviembre, 8 de diciembre de 1686.*

Señor,

Como he visto algo de extraordinario en la franqueza y sinceridad con la cual os habéis rendido a algunas razones de que me había servido, no puedo menos de reconocerlo y admirarlo. Dudaba mucho que el argumento tomado de la naturaleza general de las proposiciones hiciera alguna impresión en vuestro espíritu; pero confieso también que hay pocas personas capaces de gustar verdades tan abstractas, y que quizá cualquier otra, que no fuera vos, no habría visto tan fácilmente su fuerza.

Desearía conocer vuestras meditaciones sobre la posibilidad de las cosas, que sólo podrían ser profundas e importantes, tanto más cuanto que se trata de hablar sobre esas posibilidades de una manera digna de Dios. Pero esto queda a vuestra discreción. En lo que respecta a las dos dificultades que encontráis en mi carta, la una sobre la hipótesis de la concomitancia o acuerdo entre las substancias, la otra sobre la naturaleza de las formas de las substancias corpóreas, confieso que son importantes, y si pudiese responder de una manera completamente satisfactoria, creería poder descifrar los más grandes secretos de la naturaleza universal. Pero *est aliquid prodire tenus*. Y en cuanto a la primera, encuentro que vos explicáis bastante lo que encontráis oscuro en mi pensamiento sobre la hipótesis de la concomitancia; pues cuando un alma tiene un sentimiento de dolor al mismo tiempo que se produce la herida en el brazo, creo, en efecto, como vos decís, que el alma se forma ese dolor, que es una consecuencia natural de su estado o de su noción, y me admira que San Agustín, como habéis indicado, parezca haber reconocido la misma cosa, cuando dice que el dolor que tiene el alma en sus duelos no es otra cosa que una tristeza que acompaña a la mala disposición del cuerpo. En efecto, ese gran hombre tenía pensamientos muy sólidos y muy profundos. Pero, se dirá, ¿cómo sabe el alma esta mala disposición del cuerpo? Yo respondo que no es por ninguna impresión o acción de los cuerpos sobre el alma, sino porque la naturaleza de toda substancia encierra una expresión general de todo el universo y porque la naturaleza del alma encierra con mayor particularidad una expresión más distinta de lo que sucede actualmente en relación con su cuerpo. Por esto es natural que señale y conozca los accidentes de su cuerpo como si fuesen los suyos. Sucede lo mismo con respecto al cuerpo cuando sigue los pensamientos del alma; y cuando quiero levantar el brazo, es justamente en el momento en que todo está dispuesto en el cuerpo para producir ese efecto; de suerte que el cuerpo se mueve en virtud de sus propias leyes, aunque sucede que por el acuerdo admirable e infalible de las cosas entre sí, esas leyes conspiran a ello justamente en el momento en que la voluntad se dirige a ese fin, pues Dios lo previó todo cuando tomó su resolución sobre este orden de todas las cosas del universo. Todo esto no es más que una consecuencia de la noción de una substancia individual que implica todos sus fenómenos, de suerte que nada podría suceder a una substancia que no le nazca de su propio fondo, pero en conformidad con lo que sucede a otra, aunque la una obre libremente y la otra sin elección. Y este acuerdo es una de las más hermosas pruebas que pueden darse de la necesidad de una substancia soberana, causa de todas las cosas.

Desearía poder explicarme de una manera tan clara y decisiva con respecto a la otra cuestión sobre las formas substanciales. La primera dificultad que indicáis, señor, es que nuestra alma y nuestro cuerpo son dos substancias realmente distintas, y que, al parecer, la una no es la forma substancial de la otra. Respondo que, en mi opinión, a nuestro cuerpo en sí mismo, excluida el alma, o sea el cadáver, sólo puede llamársele substancia por un error, como a una máquina o a un montón de piedras, que son seres sólo por agregación, pues la disposición regular o irregular nada tiene que ver con la unidad substancial. Por otra parte, el último concilio de Letrán declara que el alma es verdaderamente la forma substancial de nuestro cuerpo.

En cuanto a la segunda dificultad, concedo que la forma substancial del cuerpo es divisible, y me parece que ésta es también la opinión de Santo Tomás; y admito igualmente que toda forma substancial, o bien toda substancia, es indestructible e incluso inengendrable, la cual era también la opinión de Alberto el Grande y, entre los antiguos, la del autor del libro *de diæta*, que se atribuye a Hipócrates. Por tanto, las substancias sólo pueden nacer por creación. Y me inclino mucho a creer que todas las generaciones de los animales desprovistos de razón, que no merecen una nueva creación, no son sino transformaciones de otro animal ya vivo, pero a veces imperceptible, a semejanza de los cambios que tienen lugar en un gusano de seda y otros parecidos, pues la naturaleza acostumbra revelar sus secretos en algunos ejemplos y ocultarlos en otros casos. Así, las almas brutas habrían sido todas creadas desde el comienzo del mundo, según esa fecundidad de semillas que se menciona en el Génesis; pero el alma racional es creada sólo en el momento de la formación de su cuerpo, siendo enteramente diferente de las otras almas que conocemos, porque es capaz de reflexión e imita en pequeño a la naturaleza divina.

En tercer lugar, creo que un piso de mármol no es más que un montón de piedras, y de este modo no podría considerarse como una sola substancia, sino como una reunión de varias. En efecto, supongamos que tenemos dos piedras, por ejemplo, el diamante del Gran Duque y el del Gran Mogol; podrá darse un mismo nombre a los dos, y decirse que es un par de diamantes, aunque estén muy alejados entre sí; pero no se dirá que esos dos diamantes componen una substancia. Ahora bien, el más y el menos nada tienen que ver aquí. Que se acerque, pues, el uno al otro, haciendo incluso que se toquen, y no estarán por esto más substancialmente unidos; y aunque después del contacto se les agregue algún otro cuerpo adecuado para impedir su separación, por ejemplo, si se les engasta en un solo anillo, todo esto no será más que lo que se llama *unum per accidens*. En efecto, sólo como por accidente están sometidos a un mismo movimiento. Sostengo, pues, que un piso de mármol no es una sola substancia, completa, como tampoco lo es el agua de un estanque con todos sus peces, aun cuando toda el agua con todos esos peces estuvieran congelados, y como, de igual modo, no lo es un rebaño de carneros, aun cuando éstos estuviesen atados de tal manera que no pudiesen marchar sino con paso igual y que no se pudiera tocar a uno sin que todos los demás balaran. Hay tanta diferencia entre una substancia y un ser semejante como la que hay entre un hombre y una comunidad: pueblo, ejército, sociedad o colegio, que son seres morales y en los cuales hay algo de imaginario y dependiente de la ficción de nuestro espíritu. La unidad substancial exige un ser perfecto indivisible y, naturalmente, indestructible, puesto que su noción envuelve todo lo que debe sucederle, lo cual no podría encontrarse ni en la figura ni en el movimiento, que envuelven algo de imaginario, como podría demostrarlo, sino en un alma o forma substancial, a semejanza de lo que se llama yo. Éstos son los únicos seres completos verdaderos, como los antiguos lo reconocieron, y sobre todo Platón, quien demostró muy claramente que la sola materia no basta para formar una substancia. Ahora bien, el yo susodicho, o lo que corresponde al yo en cada substancia individual, no puede ser hecho ni deshecho por la aproximación o alejamiento de las partes, que es una cosa completamente exterior, a lo que constituye la substancia. No podría decir precisamente si hay otras substancias corpóreas verdaderas fuera de las que están animadas; pero, por lo menos, las almas sirven para darnos algún conocimiento de las otras por analogía.

Todo esto puede contribuir a aclarar la cuarta dificultad, pues, sin inquietarme por lo que los escolásticos han llamado *formam corporeitatis*, doy formas substanciales a todas las substancias corpóreas unidas no sólo maquinalmente. Pero si, en quinto lugar, se me pregunta concretamente qué digo del sol, de la tierra, de la luna, de los árboles y de parecidos cuerpos e incluso de los animales, no podría asegurar de manera absoluta si están animados, o, por lo menos, si son substancias, o bien si son simplemente máquinas o agregados de muchas substancias. Mas, por lo menos, puedo decir que si no existe ninguna substancia corpórea, tal como quiero, se sigue que los cuerpos no son más que fenómenos auténticos, como el arco iris; pues lo continuo no sólo es divisible al infinito, sino que toda parte de la materia está actualmente dividida en otras partes tan diferentes entre sí como los dos diamantes susodichos; y como esto ha de ser siempre así, no se llegará jamás a algo de lo cual pueda decirse: he aquí realmente un ser, sino cuando se encuentren máquinas animadas cuya alma o forma substancial constituya la unidad substancial independientemente de la unión externa que crea el contacto. Y si no se encuentra ninguna, se sigue que, excepto el hombre, no hay nada de substancial en el mundo visible.

En sexto lugar, como la noción de la substancia individual en general que he dado es tan clara como la de la verdad, la de la substancia corpórea lo será también y, por consiguiente, la de la forma substancial. Pero aunque no lo fuera, estamos obligados a admitir muchas cosas cuyo conocimiento no es bastante claro y distinto. Sostengo que el de la extensión lo es aún mucho menos, de lo cual son prueba las extrañas dificultades de la composición de lo continuo; y puede decirse también que no hay figura fija y precisa en los cuerpos, a causa de la subdivisión actual de las partes. De suerte que los cuerpos serían sin duda una cosa imaginaria y sólo aparente si existiesen únicamente la materia y sus modificaciones. Sin embargo, es inútil mencionar la unidad, noción o forma substancial de los cuerpos cuando se trata de explicar los fenómenos particulares de la naturaleza, así como es inútil a los geómetras examinar las dificultades *de compositione continui* cuando tratan de resolver algún problema. Estas cosas no dejan de ser importantes y dignas de examen en su debido lugar. Todos los fenómenos de los cuerpos pueden explicarse mecánicamente o por medio de la filosofía corpuscular, según ciertos principios de mecánica, enunciados sin tomarse el trabajo de saber si hay almas o no; pero cuando se lleva al extremo el análisis de los principios de la física y también los de la mecánica se hace evidente que no podrían explicarse estos principios sólo por las modificaciones de la extensión, y que la naturaleza de la fuerza exige ya algunas cosas más.

En fin, en séptimo lugar, recuerdo que Cordemoy en su tratado sobre el discernimiento del alma y del cuerpo, para salvar la unidad substancial de éste, se ha visto obligado a admitir átomos o cuerpos extensos indivisibles, a fin de encontrar algo fijo para hacer un ser simple; pero habéis juzgado con acierto, señor, que yo no sería de esta opinión. Parece que Cordemoy vislumbró algo de la verdad, pero no llegó a ver en qué consiste la verdadera noción de una substancia, que es la clave de los más importantes conocimientos. El átomo, que contiene sólo una masa imaginaria de una dureza infinita (lo cual no considero conforme con la sabiduría divina, así como tampoco el vacío), no podría encerrar en sí todos sus estados pasados y futuros, y aun menos los de todo el universo...

En fin, señor, como yo os venero infinitamente, y me intereso mucho en lo que os toca, me gustaría saber a veces el estado de vuestra salud y las obras que tenéis entre manos, cuyo valor me glorío en conocer. Soy con un celo apasionado, etc.

## PROYECTO DE UNA CARTA A M. ARNAULD

Señor,

La hipótesis de la concomitancia es una consecuencia de la noción que tengo de la substancia. Pues, según mi opinión, la noción individual de una substancia encierra todo lo que debe sucederle siempre, y en esto los seres completos difieren de los que no lo son. Ahora bien; siendo el alma una substancia individual, es necesario que su noción, idea, esencia o naturaleza encierre todo lo que debe sucederle, y Dios, que la ve perfectamente, ve lo que ella hará o sufrirá siempre y todos los pensamientos que tendrá. Por tanto, puesto que nuestros pensamientos no son sino consecuencias de la naturaleza de nuestra alma y le nacen en virtud de su noción, es inútil recurrir a la influencia de otra substancia particular, además de que esta influencia es absolutamente inexplicable. Es cierto que nos nacen ciertos pensamientos cuando hay ciertos movimientos corporales, y que se producen ciertos movimientos corporales cuando tenemos ciertos pensamientos; pero es porque cada substancia expresa el universo entero a su manera, y esta expresión del universo, que produce un movimiento en el cuerpo, es quizá un dolor para el alma. Pero se atribuye la acción a la substancia cuya expresión es más distinta, y se la llama causa. Así, cuando un cuerpo flota en el agua hay una infinidad de movimientos de las partes del agua, los que son necesarios para que el lugar que ese cuerpo abandona sea siempre ocupado por la vía más corta. Por esto decimos que ese cuerpo es la causa del movimiento, porque, mediante él, podemos explicar distintamente lo que sucede; pero si se examina lo que hay de físico y de real en el movimiento, puede también suponerse que ese cuerpo está en reposo, y que todo el resto se mueve conforme con esta hipótesis, puesto que todo el movimiento en sí mismo es sólo una cosa respectiva, a saber, un cambio de situación que no se sabe a qué atribuir con rigor matemático; pero se le atribuye a un cuerpo mediante el cual todo se explica distintamente. Y, en efecto, si consideramos todos los fenómenos pequeños y grandes, sólo hay una hipótesis que sirva para explicar el todo distintamente. Y aun puede decirse que, aunque ese cuerpo no sea una causa eficiente física de esos efectos, su idea, al menos, es, por así decirlo, su causa final o, si queréis, ejemplar en el entendimiento de Dios. Pues, si se quiere indagar si hay algo de real en el movimiento, debe suponerse que Dios desea producir expresamente todos los cambios de situación en el universo, lo mismo que si el buque los produjera surcando el agua, ¿no es cierto que sucedería justamente lo mismo?; pues no es posible señalar alguna diferencia real. Así, hablando con rigor metafísico, no se tiene más razón para decir que el buque empuja al agua a hacer esa gran cantidad de círculos que sirven para llenar el lugar del buque, que para afirmar que el agua es impulsada a hacer todos esos círculos y que impele al buque a moverse en conformidad con ella.

Pero a menos que se diga que Dios ha querido expresamente producir tan gran cantidad de movimientos de manera que conspiren a un fin, no puede darse razón de ello, y como no es racional recurrir a Dios en los pormenores, se recurre al buque, aunque, en último análisis, la coincidencia efectiva de todos los fenómenos de las diferentes substancias se debe sólo a que todas ellas son producciones de una misma causa, a saber, de Dios, el cual hace que cada substancia individual exprese la resolución que Dios ha tomado respecto del universo. Es, pues, por la misma razón que se atribuyen los dolores a los movimientos de los cuerpos, porque por este medio puede llegarse a algo claro y distinto. Y esto sirve para procurarnos fenómenos o para impedirlos. Sin embargo, para no adelantar nada sin necesidad, digamos que no hacemos sino pensar, que sólo nos procuramos pensamientos y que los fenómenos no son más que pensamientos. Pero como todos nuestros pensamientos no son eficaces ni sirven para procurarnos otros de cierta naturaleza, y como nos es imposible descifrar el misterio de la conexión universal de los fenómenos, es preciso poner atención, por medio de la experiencia, en aquellos que hemos tenido otras veces, y en esto consiste el uso de los sentidos y lo que se llama acción fuera de nosotros.

De la hipótesis de la concomitancia o del acuerdo de las substancias entre sí se sigue lo que he dicho: que cada substancia individual encierra por siempre todos los accidentes que le sucederán y expresa todo el universo a su manera; así, lo que se expresa en el cuerpo por un movimiento o un cambio de situación, se expresa quizá en el alma por un dolor. Puesto que los dolores no son sino pensamientos, no hay que asombrarse si ellos son consecuencia de una substancia cuya naturaleza consiste en pensar. Y si sucede constantemente que ciertos pensamientos están unidos a ciertos movimientos, es porque Dios ha creado desde el principio todas las substancias, de manera que en lo futuro todos sus fenómenos se corresponden entre sí, sin que para esto sea necesario una influencia física mutua, que ni siquiera parece explicable. Quizá Descartes prefería esta concomitancia a la hipótesis de las causas ocasionales, pues, que yo sepa, no se ha explicado lo bastante sobre esta cuestión.

Admiro lo que señaláis, señor: que San Agustín ha tenido ya tales ideas, al sostener que el dolor no es otra cosa que una tristeza del alma a consecuencia de que su cuerpo está mal dispuesto. Este gran hombre penetró seguramente mucho en las cosas. Sin embargo, el alma siente que su cuerpo está mal dispuesto, no por una influencia del cuerpo sobre el alma ni por una operación particular de Dios que le advierte de ello, sino porque está en la naturaleza del alma expresar lo que sucede en el cuerpo, pues ha sido creada desde el principio de manera que la serie de sus pensamientos concuerde con la serie de los movimientos. Puede decirse la misma cosa del movimiento de mi brazo de abajo hacia arriba. Se pregunta lo que determina a los espíritus a entrar en los nervios de determinada materia, y respondo que es tanto la impresión de los objetos como la disposición de los espíritus y nervios mismos, en virtud de las leyes ordinarias del movimiento. Mas en cuanto a la concordancia general de las cosas, toda esta disposición no tiene nunca lugar sino cuando hay al mismo tiempo en el alma esa voluntad a la cual tenemos costumbre de atribuir la operación. Así, las almas no cambian nada en el orden del cuerpo, ni los cuerpos en el de las almas. (Y por esta razón las formas no deben emplearse para explicar los fenómenos de la naturaleza.) Y un alma no cambia nada en el curso de los pensamientos de otra alma. Y, en general, una substancia particular no tiene influencia física sobre otra; además, ésta sería inútil, puesto que cada substancia es un ser completo que se basta a sí mismo para determinar, en virtud de su propia naturaleza, todo lo que debe sucederle. Sin embargo, existe bastante razón para decir que mi voluntad es la causa del movimiento del brazo, y que una *solutio continui* en la materia de mi cuerpo es causa del dolor; pues el uno expresa distintamente lo que el otro expresa más confusamente, y debe atribuirse la acción a la substancia cuya expresión es más distinta, puesto que esto basta en la práctica para proporcionarse fenómenos. Si no es causa física, puede afirmarse que es causa final o, para decirlo mejor, ejemplar, es decir, que su idea en el entendimiento de Dios ha contribuido a la resolución de Dios respecto de esta particularidad, cuando se trataba de resolver la serie universal de las cosas.

La otra dificultad tocante a las formas substanciales y a las almas de los cuerpos es incomparablemente mayor, y confieso no encontrarme satisfecho con mi solución. En primer lugar, habría que asegurarse de que los cuerpos son substancias, y no sólo fenómenos verdaderos, como el arco iris. Pero, sentado esto, creo que puede inferirse que la substancia corpórea no consiste en la extensión o en la divisibilidad; pues se me concederá que dos cuerpos alejados entre sí, por ejemplo, dos triángulos, no son realmente una substancia. Supongamos ahora que se acercan para componer un cuadrado: ¿el solo contacto los hará convertir en una substancia? Yo pienso que no. Ahora bien; puede considerarse cada masa extensa como compuesta de otras dos o de mil, y del contacto nunca resulta otra cosa que la extensión. Así no se encontrará jamás un cuerpo del que pueda decirse que es verdaderamente una substancia. Aquél será siempre un agregado de muchas. O, más bien, no será un ser real, puesto que las partes que lo componen están sujetas a la misma dificultad, y no se llegará jamás a ningún ser real, ya que los seres por agregación no tienen más realidad que la que hay en sus ingredientes.

De donde se sigue que la substancia de un cuerpo, si tiene alguna, debe ser indivisible, y que es indiferente que se le llame alma o forma. Pero también la noción general de la substancia individual, que parece gustaros tanto, prueba la misma cosa. La extensión es un atributo que no podría constituir un ser completo y de la que no podría sacarse ninguna acción ni cambio: expresa sólo un estado presente, pero en manera alguna el futuro y el pasado, como debe hacerlo la noción de una substancia. Cuando dos triángulos se hallan juntos, es imposible decir cómo se ha efectuado esta unión, pues pudo suceder de varias maneras; pero todo lo que puede tener varias causas no es jamás un ser completo. Sin embargo, confieso que es muy difícil resolver varias cuestiones que mencionáis. Creo que hay que decir que si los cuerpos tienen formas substanciales, por ejemplo, si las bestias tienen almas, que esas almas son indivisibles. Ésta es también la opinión de Santo Tomás.

¿Son, pues, indestructibles esas almas? Yo lo admito, y como puede suceder que, según las opiniones de Leeuwenhoeck, toda generación de un animal no sea más que una transformación de otro ser vivo, hay razón para creer también que la muerte es sólo una transformación. Pero el alma del hombre es una cosa más divina, y no sólo es indestructible, sino que se conoce siempre a sí misma y permanece *conscia sui*. Y en cuanto a su origen, puede decirse que Dios no la ha producido sino cuando ese cuerpo animado que está en la simiente se determina a tomar la forma humana. Si esta alma bruta, que animaba este cuerpo antes de la transformación, se aniquila cuando el alma racional ocupa su lugar, o si Dios cambia la una en la otra, dando a la primera una nueva perfección por medio de una influencia extraordinaria, es ello una particularidad sobre la cual no tengo muchas luces.

No sé si el cuerpo, cuando el alma o forma substancial se pone aparte, puede llamarse substancia. Podrá ser una máquina, un agregado de varias substancias, de suerte que si me preguntan lo que debo decir *de forma cadaveris*, o de un cuadrado de mármol, responderé que están quizá unidos *per aggregationem,* como un montón de piedras, y que no son substancias. Podrá decirse otro tanto del sol, de la tierra, de las máquinas, y, con excepción del hombre, no hay cuerpo del que pueda asegurar que es una substancia más bien que un agregado de varias o quizá un fenómeno. Sin embargo, me parece indudable que, si hay substancias corpóreas, el hombre no es la única, y probablemente las bestias tienen almas, aunque carecen de conciencia.

En fin, si bien convengo en que la consideración de las

formas substanciales o almas es inútil en la física particular, no deja de ser importante en la metafísica. Así, tampoco los geómetras se preocupan *de compositione continui*, ni los físicos se interesan en saber si una bola empuja a la otra, o si es Dios.

Sería indigno de un filósofo admitir estas almas o formas substanciales sin razón; pero sin ellas no resulta inteligible que los cuerpos sean substancias.

LEIBNIZ AL LANDGRAVE

*Sacada de mi carta de noviembre de 1686.*

Me tomo la libertad, Monseñor, de suplicar de nuevo a V. A. S. quiera ordenar que se entreguen a M. Arnaud las cartas adjuntas; y como allí se tratan materias alejadas de los sentidos externos y dependientes de la intelección pura, las cuales no son agradables y muy a menudo despreciadas por las personas más inteligentes y excelentes en los asuntos del mundo, diré aquí algunas cosas en favor de esas meditaciones, y no porque sea lo bastante ridículo para desear que V. A. S. se recree con ellas (lo cual sería tan poco razonable como querer que un general se dedique al álgebra, aunque esta ciencia sea muy útil en todo lo que tiene conexión con las matemáticas), sino a fin de que V. A. S. pueda juzgar mejor la finalidad y la aplicación de tales pensamientos, que podrían parecer casi indignos de ocupar, por poco que sea, a un hombre a quien todos los instantes deben ser preciosos. En efecto, de la manera como esas cosas son tratadas, no son sino disputas, distinciones, juego de palabras; pero hay vetas de oro en esas rocas estériles. Doy por hecho que el pensamiento es la función principal y perpetua de nuestra alma. Nosotros pensaremos siempre, pero no viviremos siempre aquí. Por eso, lo que nos hace más capaces de pensar en los más perfectos objetos y de una manera más perfecta, es lo que nos perfecciona naturalmente. Sin embargo, el estado presente de nuestra vida nos obliga a muchos pensamientos confusos que no nos hacen más perfectos. Tal es el conocimiento de las costumbres, de las genealogías, de las lenguas y también todo conocimiento histórico de los hechos tanto civiles como naturales, el cual nos es útil para evitar los peligros y para manejar los cuerpos y los hombres que nos rodean, pero que no ilumina el espíritu. El conocimiento de las rutas es útil a un viajero mientras viaja; pero lo que tiene más relación con las funciones a las cuales será destinado *in patria*, le es más importante. Ahora bien; estamos destinados a vivir un día una vida espiritual, en la cual las substancias separadas de la materia nos ocuparán mucho más que los cuerpos. Mas para distinguir mejor entre lo que ilumina al espíritu de lo que le conduce sólo a ciegas, he aquí algunos ejemplos sacados de las artes: si algún obrero sabe por experiencia o por tradición que, siendo el diámetro de 7 pies, la circunferencia del círculo es un poco menos de 22 pies; o si un artillero sabe de oídas o por haberlo medido a menudo, que los cuerpos son arrojados a la mayor distancia por un ángulo de 45 grados, es éste el saber confuso, propio de un artesano, el cual se servirá muy bien de él para ganar su vida y para prestar servicio a los demás; pero los conocimientos que ilustran nuestro espíritu son los conocimientos distintos, es decir, los que contienen las causas o razones, como cuando Arquímedes hizo la demostración de la primera regla y Galileo de la segunda; y en una palabra, éste es el único conocimiento de las razones en sí mismas o de las verdades necesarias o eternas, sobre todo de aquellas que son las más comprensivas y que tienen la mayor relación con el soberano ser, las cuales pueden perfeccionarnos. Sólo este conocimiento es bueno por sí mismo; todo lo demás es mercenario, y no debe ser aprendido sino por necesidad, por las necesidades de esta vida y a fin de estar en mejor condición para ocuparse de la perfección del espíritu cuando se ha puesto en orden todo lo relativo a nuestra subsistencia. Sin embargo, el desarreglo de los hombres y lo que se llama la preocupación *de pane lucrando*, y a menudo también la vanidad, hace que se olvide al señor por el criado y el fin por los medios. Es justamente lo que dice el poeta: *propter vitam vivendi perdere causas*. Esto se parece mucho al caso de un avaro que prefiere el oro a su salud, en tanto que el oro es sólo para servir a las comodidades de la vida. Ahora bien; puesto que lo que perfecciona a nuestro espíritu (si exceptuamos la luz de la gracia) es el conocimiento demostrativo de las más grandes verdades por sus causas o razones, hay que reconocer que la metafísica o la teología natural, que trata sobre substancias inmateriales, y particularmente de Dios y del alma, es la más importante de todas. Y no podría progresarse mucho en ellas sin conocer la verdadera noción de la substancia, la cual he explicado de una manera tal en mi precedente carta a M. Arnaud, que él mismo, que es tan justo y a quien había chocado al principio aquella noción, la ha aceptado. En fin, esas meditaciones nos proporcionan consecuencias sorprendentes, pero de una maravillosa utilidad para librarse de los mayores escrúpulos con respecto al concurso de Dios con las criaturas, su presciencia y preordenación, la unión del alma y el cuerpo, el origen del mal y otras cosas de esta naturaleza. No digo nada aquí de las grandes aplicaciones que esos principios tienen en las ciencias humanas; pero, por lo menos, puedo decir que nada eleva más nuestro espíritu al conocimiento y al amor de Dios, tanto como la naturaleza nos ayuda a él. Confieso que todo esto de nada sirve sin la gracia, y que Dios da la gracia a personas que jamás han pensado en estas meditaciones; pero Dios quiere también que no omitamos nada de nuestra parte, y que empleemos según las ocasiones y de acuerdo con la vocación de cada uno las perfecciones que él ha dado a la naturaleza humana; y como no nos ha hecho sino para conocerle y para amarle, no se podría trabajar en ello lo bastante, ni hacer un mejor uso de nuestro tiempo y de nuestras fuerzas, a menos que estemos ocupados en otra parte por el público y por la salud de los demás.

## A. ARNAULD A LEIBNIZ

*4 de marzo de 1687.*

Hace mucho tiempo, señor, que recibí vuestra carta, pero he tenido tantas ocupaciones desde entonces que no he podido responderla antes.

No comprendo bien, señor, lo que entendéis por esa "expresión más distinta que tiene nuestra alma de lo que sucede ahora con respecto a su cuerpo" ni cómo pueda ocurrir que cuando me pican en un dedo, mi alma conozca esta picadura antes de que tenga el sentimiento del dolor. Esta misma *expresión más distinta,* etc., debería, pues, hacerle conocer una infinidad de otras cosas que suceden en mi cuerpo, las cuales, sin embargo, no conoce, como todo lo que se hace en la digestión y la nutrición.

En cuanto a lo que decís: que aunque mi brazo se levanta cuando yo lo quiero, no es que mi alma sea causa de ese movimiento de mi brazo, sino que "cuando quiero levantarlo, es justamente en el momento en que todo está dispuesto en el cuerpo para este efecto; de suerte que el cuerpo se mueve en virtud de sus propias leyes, aunque sucede que, por el acuerdo admirable e infalible de las cosas entre sí, esas leyes conspiran a ello justamente en el momento en que la voluntad se dirige a ese fin, pues Dios lo ha previsto todo de antemano cuando ha tomado su resolución sobre este orden de todas las cosas del universo".

Me parece que esto es expresar en otros términos lo que algunos pretenden, a saber, que mi voluntad es causa ocasional del movimiento de mi brazo, y que Dios es su causa real. En efecto, tales personas no pretenden que Dios haga esto en el tiempo por un nuevo acto de voluntad cada vez que quiero levantar el brazo, sino por ese acto único de la voluntad eterna, mediante el cual ha querido hacer todo lo que ha previsto que sería necesario que hiciese para que el universo fuese tal como juzgó que debía ser. Ahora bien ¿no se reduce a esto lo que decís: que la causa del movimiento de mi brazo, cuando deseo levantarlo, es "el acuerdo admirable e infalible de las cosas entre sí, lo cual se debe a que Dios lo ha previsto todo cuando ha tomado su resolución sobre este orden de todas las cosas del universo"? Pues eso de que *Dios lo ha previsto todo* no ha podido hacer que una cosa haya acaecido sin una causa real; por tanto, hay que encontrar la causa real de ese movimiento de mi brazo. Vos no queréis que sea mi voluntad. No creo tampoco que creáis que un cuerpo pueda moverse por sí mismo o mover a otro cuerpo en calidad de causa real y eficiente. Sólo queda, pues, que ese *Dios lo ha previsto todo* sea la causa real y eficiente del movimiento de mi brazo. Ahora bien, a ese *Dios lo ha previsto todo* lo llamáis *su resolución*, y resolución y voluntad son la misma cosa; por tanto, según vos, cuantas veces deseo levantar el brazo, la voluntad de Dios es la causa real y eficiente de este movimiento.

Con respecto a la segunda dificultad, conozco ahora vuestra opinión, que es muy diferente de lo que creía. En efecto, suponía que razonabais así: los cuerpos deben ser verdaderas substancias; ahora bien, no pueden ser verdaderas substancias si no tienen una verdadera unidad, ni tener una verdadera unidad si no tienen una forma substancial; por tanto, la esencia del cuerpo no puede ser la extensión, sino que todo cuerpo, además de la extensión, debe tener una forma substancial. A lo cual había objetado que una forma substancial divisible, como lo son casi todas a juicio de los partidarios de las formas substanciales, no podría dar a un cuerpo la unidad que no tendría sin esa forma substancial.

Estáis de acuerdo con esto, pero pretendéis que toda forma substancial es indivisible, indestructible e inengendrable, pues sólo puede ser producida por una verdadera creación.

De donde se sigue: 1º que todo cuerpo que puede dividirse conservando cada parte la misma naturaleza que el todo, como los metales, las piedras, la madera, el aire, el agua y los demás cuerpos líquidos, no tienen forma substancial.

2. Que las plantas tampoco la tienen, puesto que la parte de un árbol, ya se le plante, ya se le injerte en otro, sigue siendo árbol de la misma especie que antes.

3. Que únicamente los animales tendrán formas substanciales. Por tanto, según vos, sólo los animales serán verdaderas substancias.

4. Y aun no estáis tan seguro de esto que no digáis que si los animales no tienen alma o forma substancial, se sigue

de esto que, con excepción del hombre, no habría nada substancial en el mundo visible, porque pretendéis que la unidad substancial exige un ser completo, indivisible y, naturalmente, indestructible, lo cual sólo podría encontrarse en un alma o forma substancial, a ejemplo de lo que se llama yo.

Todo esto equivale a decir que los cuerpos cuyas partes sólo están unidas mecánicamente, no son substancias, sino sólo máquinas o agregados de varias substancias.

Comenzaré por esto último, y os diré francamente que no hay en esto más que una disputa de palabras. En efecto, San Agustín no siente dificultad en reconocer que los cuerpos no tienen verdadera unidad, porque la unidad debe ser indivisible, y ningún cuerpo lo es; que, por tanto, sólo hay verdadera unidad en los espíritus, como también verdadero yo. Pero ¿qué concluís de esto? "Que no hay nada de substancial en los cuerpos que carecen de alma o forma substancial". Para que esta conclusión fuese válida, habría que definir antes los términos *substancia y substancial* de esta manera: "Llamo substancia y substancial a lo que tiene una verdadera unidad". Pero como esta definición no ha sido aún aceptada, no hay filósofo que no tenga tanto derecho a decir: "Llamo substancia a lo que no es modalidad o manera de ser", y que después no pueda sostener que es una paradoja decir que no hay nada de substancial en un bloque de mármol, puesto que este bloque de mármol no es la manera de ser de otra substancia, y que todo lo que podría decirse es que no es una sola substancia, sino varias substancias unidas mecánicamente. Ahora bien, ese filósofo dirá que le parece una paradoja sostener que no hay nada de substancial en lo que está compuesto de varias substancias. Podrá añadir que comprende aún menos lo que decís con esto: "que los cuerpos serían sin duda una cosa imaginaria y aparente, si sólo hubiese en ellos materia y modificaciones de ella". Pues sólo admitís la materia y sus modificaciones en todo lo que no tiene alma o forma substancial indivisible, indestructible e inengendrable, y sólo en los animales admitís estas clases de formas. Estaréis, pues, obligado a decir que todo el resto de la naturaleza es algo imaginario y aparente, y con mayor razón os veréis obligado a decir la misma cosa de todas las obras de los hombres.

Yo no podría estar de acuerdo con estas últimas proposiciones. Pero no veo ningún inconveniente para creer que en toda la naturaleza corpórea sólo hay máquinas y agregados[1] de substancias, porque de ninguna de esas partes puede decirse, hablando con exactitud, que es una sola substancia. Esto sólo muestra, lo cual es muy conveniente señalar, como hizo San Agustín, que la substancia pensante o espiritual es en esto mucho más excelente que la substancia extensa o corpórea, y que sólo la substancia espiritual tiene una verdadera unidad y un verdadero yo, cosas de que carece la corpórea. De donde se sigue que no puede alegarse esto para probar que la extensión no es la esencia del cuerpo, porque no tendría verdadera unidad si tuviese la extensión por esencia suya, puesto que puede ser de la esencia del cuerpo el no tener verdadera unidad, como lo

---

[1] Leibniz escribió aquí la siguiente observación: "Si hay agregados de substancias, hay también substancias con que se forman todos los agregados". (N. de Paul Janet.)

admitís de todos los cuerpos que no están unidos a un alma o a una forma substancial.

Pero no sé, señor, lo que os lleva a creer que no hay en los brutos esas almas o formas substanciales, las cuales, según vos, deben ser indivisibles, indestructibles e inengendrables. No es que juzguéis esto necesario para explicar lo que ellos hacen. Pues decís expresamente "que todos los fenómenos de los cuerpos pueden explicarse mecánicamente, o sea por medio de la filosofía corpuscular según ciertos principios establecidos de mecánica, sin preocuparse de si hay almas o no". Ni es tampoco por necesidad de que los cuerpos de los animales tengan una verdadera unidad y que no sean sólo máquinas o agregados de substancias, porque no pudiendo las plantas ser otra cosa que esto, ¿qué necesidad habría de que los animales fuesen una cosa diferente? Además, no se ve que esta opinión pueda fácilmente sostenerse suponiendo esas almas indestructibles e individuales. En efecto, ¿qué se responde de los gusanos que, divididos en dos, cada parte se mueve como antes? Si se prende fuego a una de las casas donde se alimentan cien mil gusanos de seda, ¿que sería de esas cien mil almas indestructibles? ¿Subsistirían separadas de toda materia como nuestras almas? ¿Qué fue de las almas de esos millones de ranas que mató Moisés cuando quiso terminar con esa plaga, las de ese número infinito de codornices que mataron los israelitas en el desierto y las de todos los animales que perecieron en el diluvio? Hay aún otra dificultad sobre la manera en que se encuentran esas almas en cada animal a medida que son concebidas. ¿Es que estaban *in seminibus*? ¿Y eran indivisibles e indestructibles? *Quid ergo fit, cum irrita cadunt sine ullis conceptibus semina? Quid cum bruta mascula ad fœminas non accedunt toto vitæ suæ tempore?* Es bastante haber hecho entrever estas dificultades.

Sólo queda por hablar de la unidad que proporciona el alma racional. Todos convenimos en que tiene una verdadera y perfecta unidad y un verdadero yo, y que comunica en cierto modo esta unidad y este yo a ese todo compuesto de alma y cuerpo que se llama hombre. En efecto, aunque ese todo no sea indestructible, puesto que perece cuando el alma se separa del cuerpo, es indivisible en el sentido de que no podría concebirse la mitad de un hombre. Pero considerando el cuerpo separadamente, como nuestra alma no le comunica su indestructibilidad, no se ve tampoco, hablando con rigor, que le comunique ni su verdadera unidad ni su indivisibilidad. Pues, aun cuando está unido a nuestra alma, no es menos cierto que sus partes sólo están unidas entre sí mecánicamente, y que, por tanto, no es una sola substancia, sino un agregado de varias substancias corpóreas. Y no es menos cierto que es divisible como todos los demás cuerpos de la naturaleza. Ahora bien, la divisibilidad es contraria a la verdadera unidad; por tanto, no tiene verdadera unidad. Pero la recibe, decís, de nuestra alma. Es decir, que pertenece a un alma que es verdaderamente una, pero no es una unidad intrínseca al cuerpo, sino una unidad semejante a la que tienen diversas provincias que, estando gobernadas por un solo rey, constituyen un solo reino.

Sin embargo, aunque sea cierto que sólo hay verdadera unidad en las naturalezas inteligentes, cada una de las cuales puede decir yo, se dan, sin embargo, diversos grados en esa unidad impropia que conviene a los cuerpos. En efecto, aunque no haya cuerpo tomado separadamente que no esté compuesto de varias substancias, sin embargo, hay razón para atribuir más unidad a aquellos cuyas partes conspiran a un mismo propósito, como una casa o un reloj, que a aquellos cuyas partes están sólo juntas, como un montón de piedras, una bolsa de monedas; y de estos últimos se dice con propiedad que son agregados por accidente. Casi todos los cuerpos de la naturaleza que llamamos uno, como un trozo de oro, una estrella, un planeta, son del primer género; pero esta cualidad sólo se da plenamente en los cuerpos organizados, es decir, en los animales y las plantas, sin que para ello sea necesario dotarles de almas (e incluso me parece que vos no las suponéis en las plantas). Pues ¿por qué un caballo o un naranjo no podrá considerarse como una obra completa y acabada, tanto como una iglesia o un reloj? ¿Qué importa, para ser llamado uno (de esa unidad que por convenir al cuerpo ha debido ser diferente de la que conviene a la naturaleza espiritual), que sus partes sólo estén unidas mecánicamente, y que, por consiguiente, sean máquinas? ¿Acaso la mayor perfección que puedan tener no es el ser máquinas tan admirables que sólo un Dios omnipotente ha podido hacerlas? Nuestro cuerpo, considerado solo, es, pues, uno de esta manera. Y la relación que tiene con una naturaleza inteligente que está unida a él y que lo gobierna, puede aún añadirle alguna unidad, pero que no es del carácter que conviene a las naturalezas espirituales.

Os aseguro, señor, que no tengo ideas lo bastante claras y distintas sobre las reglas del movimiento para juzgar bien de la dificultad que habéis propuesto a los cartesianos. El abate Catelan, hombre de mucho ingenio y gran geómetra, os respondió. Desde que me ausenté de París no he mantenido comunicación con los filósofos de ese lugar. Pero puesto que estáis resuelto a responder a ese abate, y como él querrá quizá defender su opinión, hay motivo para esperar que esos escritos aclararán de tal modo esa dificultad, que uno sabrá a qué atenerse.

Estoy muy agradecido, señor, por el interés que manifestáis por mi salud. Gracias a Dios, es muy buena, dada mi edad. Sólo he tenido un catarro bastante fuerte al comienzo de este invierno. Me alegra saber que pensáis poner en práctica vuestra máquina de aritmética. Habría sido una lástima que una invención tan hermosa se hubiese perdido. Pero tendría mucho gusto en que el pensamiento sobre el cual habéis escrito al príncipe, que os estima tanto, no quedase sin efecto. Porque no hay cosa de que un hombre prudente se deba ocupar con mayor cuidado y menos tardanza que de lo que concierne a su salvación.

Soy, señor, vuestro muy humilde y muy obediente servidor.

*A. Arnauld.*

LEIBNIZ A ARNAULD

*3o de abril de 1687.*

Señor,

Siendo vuestras cartas beneficios considerables para mí y efectos de vuestra pura liberalidad, no tengo ningún derecho de exigirlas, y, por consiguiente, vos no respondéis jamás demasiado tarde. Por agradables y útiles que me sean, considero lo que debéis al bien público, y esto hace callar mis deseos. Vuestras reflexiones instruyen siempre, y me tomaré la libertad de recorrerlas por orden.

No creo que haya dificultad en lo que he dicho: que "el alma expresa más distintamente (*cœteris paribus*) lo que pertenece a su cuerpo", puesto que en cierto sentido expresa todo el universo, y, de manera particular, según la relación de los otros cuerpos con el suyo, pues no podría expresar de igual modo todas las cosas; de otra manera, no habría distinción entre las almas. Pero de esto no se infiere que deba apercibirse perfectamente de lo que sucede en las partes de su cuerpo, puesto que hay grados de relación entre estas partes mismas, que no se expresan de la misma manera, así como tampoco las demás cosas exteriores. El alejamiento de las unas se compensa con la pequeñez de las otras, o por otros obstáculos, y así Tales no ve el abismo que tiene a sus pies, pero, en cambio, ve los astros.

Los nervios y las membranas son partes más sensibles para nosotros que las demás, y quizá sólo por ellos percibimos las otras. Lo cual sucede aparentemente, porque los movimientos de los nervios o de los humores que les pertenecen imitan mejor las impresiones y las confunden menos; ahora bien, las expresiones más distintas del alma corresponden a las impresiones más distintas del cuerpo. No es que los nervios obren sobre el alma, para hablar metafísicamente, sino que lo uno representa el estado de lo otro *spontanea relatione*. Hay que considerar también que suceden muchas cosas en nuestro cuerpo para que puedan apercibirse todas separadamente; sino que se siente sólo un cierto resultado al cual se está acostumbrado, y no podría discernirse lo que entra en él a causa de la multitud de percepciones, como cuando se escucha de lejos el murmullo del mar, no se discierne el que hace cada ola, aunque cada una produce su efecto en nuestros oídos; pero cuando acontece un cambio notable en nuestro cuerpo lo advertimos en seguida y mejor que los cambios exteriores que no van acompañados de un cambio notable de nuestros órganos.

No digo que el alma conozca la punzada antes de que tenga la sensación del dolor, a menos que sea en el sentido de que conoce o expresa confusamente todas las cosas, según los principios ya establecidos; pero esta expresión, bien que oscura y confusa, que el alma tiene del porvenir anticipadamente, es la causa verdadera de lo que le sucederá y de la percepción más clara que tendrá después cuando se desvanezca la obscuridad, siendo el estado futuro un resultado del precedente.

Había dicho que Dios ha creado el universo de manera que el alma y el cuerpo, obrando cada uno según sus leyes, coinciden en los fenómenos. Juzgáis, señor, que esto concuerda con la hipótesis de las causas ocasionales. Si tal fuese, no me sentiría molesto, pues me siento siempre muy contento de encontrar personas que convengan con mis ideas; pero entreveo vuestra razón: que vos suponéis que yo no diré que un cuerpo se pueda mover por sí mismo; así, no siendo el alma la causa real del movimiento del brazo, y mucho menos el cuerpo, será entonces Dios. Pero pienso de otra manera: sostengo que lo que hay de real en el estado que se llama movimiento, procede de la substancia corpórea, así como el pensamiento y la voluntad proceden del espíritu. Todo acaece en cada substancia como consecuencia del primer estado que Dios le ha dado al crearla, y, dejando aparte su concurso extraordinario, su intervención ordinaria sólo consiste en la conservación de la substancia misma, conforme con su estado precedente y con los cambios que en ella se producen. Sin embargo, se dice muy bien que un cuerpo impele a otro, es decir, que un cuerpo sólo comienza a seguir cierta tendencia cuando otro que lo toca pierde proporcionalmente la suya, según las leyes constantes que observamos en los fenómenos. Y, en efecto, siendo los movimientos fenómenos reales más bien que seres, un movimiento como fenómeno es en mi espíritu la consecuencia inmediata o efecto de otro fenómeno, de la misma manera que en el espíritu de los demás; pero el estado de una substancia no es la consecuencia inmediata del estado de otra substancia particular.

No me atrevo a asegurar que las plantas no tengan alma, ni vida, ni forma substancial; pues aunque una parte del árbol plantado o injertado puede producir un árbol de la misma especie, puede suceder que sea una parte seminal que contenga ya un nuevo vegetal, como quizá hay ya animales vivos, aunque muy pequeños, en el semen de los animales, que podrán transformarse en un animal semejante. No oso, pues, asegurar que únicamente los animales son seres vivos y dotados de una forma substancial. Y quizá hay una infinidad de grados en las formas substanciales corpóreas.

Decís, señor, que "los que sostienen la hipótesis de las causas ocasionales, al decir que mi voluntad es la causa ocasional y Dios la causa real del movimiento de mi brazo, no pretenden que Dios obre al mismo tiempo por un nuevo acto de voluntad que ejerce cada vez que quiera levantar mi brazo, sino por ese acto único de la voluntad eterna mediante el cual ha querido hacer todo lo que ha previsto que sería necesario que hiciera". A lo cual respondo que podrá decirse con igual razón que los milagros mismos no se producen por un nuevo acto de voluntad de Dios, pues son conformes con su designio general; y ya he indicado en las cartas precedentes que cada acto de voluntad de Dios encierra todos los demás, pero con un orden de prioridad. En efecto, si comprendo bien la opinión de los autores de las causas ocasionales, ellos introducen un milagro, que no lo es menos por el hecho de ser continuo. Pues me parece que la noción del milagro no consiste en su rareza. Se me dirá que Dios sólo obra en esto según una regla general y, por consiguiente, sin milagro; pero yo no admito esta consecuencia, y creo que Dios puede crearse reglas generales respecto de los milagros mismos: por ejemplo, si Dios hubiese tomado la resolución de dar su gracia inmediatamente o de hacer otra acción de esta naturaleza todas las veces que se presentase determinado caso, esta acción no dejaría de ser un milagro, aunque ordinario. Admito que los autores de las causas ocasionales puedan dar otra definición del término; pero parece que, según el uso, el milagro difiere interiormente y de manera substancial del acto de una acción común, y no por un accidente exterior de una repetición frecuente; y que, propiamente hablando, Dios obra un milagro cuando hace una cosa que excede las fuerzas que ha dado a las criaturas y que conserva en ellas. Por ejemplo, si Dios hiciera que un cuerpo, puesto en movimiento circular por medio de una honda, continuara moviéndose libremente en línea circular una vez libre de la honda, sin ser impelido o detenido por ninguna cosa, esto sería un milagro, porque el cuerpo, según las leyes de la naturaleza, debería continuar en línea recta por la tangente; y si Dios decretase que esto sucediera siempre, haría milagros naturales, no pudiendo explicarse este movimiento por algo más simple. De igual manera, si la continuación del movimiento excede la fuerza de los cuerpos, habrá que decir, según la noción admitida, que la continuación del movimiento es un verdadero milagro, mientras que yo creo que la substancia corpórea posee la fuerza para continuar sus cambios según las leyes que Dios ha puesto en su naturaleza y que conserva en ella. Y, para hacerme comprender mejor, creo que las acciones de los espíritus no cambian propiamente nada en la naturaleza de los cuerpos, ni los cuerpos en la de los espíritus, e incluso que Dios no cambia nada con ocasión de ellos, sino cuando hace un milagro; y las cosas, en mi opinión, están de tal modo concertadas, que jamás espíritu alguno quiere eficazmente nada sino cuando el cuerpo está dispuesto a hacerlo en virtud de sus propias leyes y fuerzas; mientras que, según los autores de las causas ocasionales, Dios cambia las leyes de los cuerpos con ocasión del alma, y viceversa. Ésta es la diferencia esencial entre nuestras opiniones. Así, según pienso, no hay que averiguar cómo el alma puede comunicar algún movimiento o alguna nueva determinación a los espíritus animales, puesto que, en realidad, ella no lo hace jamás, ya que no existe proporción entre un espíritu y un cuerpo, ni hay medio alguno de determinar, según una ley cierta, qué grado de velocidad dará un espíritu a un cuerpo, ni tampoco el grado de velocidad que Dios quisiera dar al cuerpo con ocasión del espíritu; existiendo la misma dificultad en la hipótesis de las causas ocasionales y en la de la influencia real del alma sobre el cuerpo, y viceversa, por falta de conexión o fundamento para una regla. Y si se dice, como parece entenderlo Descartes, que el alma, o Dios con ocasión de ella, cambia sólo la dirección o determinación del movimiento, y no la fuerza que está en los cuerpos, no pareciéndole probable que Dios viole a cada momento, con ocasión de los actos de voluntad de los espíritus, la ley general de la naturaleza, según la cual la misma fuerza debe subsistir, respondo que será aún bastante difícil explicar la conexión que pueda haber entre los pensamientos del alma y los lados o ángulos de la dirección de los cuerpos; y, además, que hay también en la naturaleza otra ley general y no menos importante, de la que Descartes no se enteró, a saber, que la misma determinación o dirección debe, en suma, subsistir siempre; pues encuentro que si se tirase una línea recta cualquiera, por ejemplo, de Oriente a Occidente, por un punto dado, y si se calculasen todas las direcciones de todos los cuerpos del mundo en cuanto avanzan o retroceden por las líneas paralelas a la línea dada, la diferencia entre las sumas de las cantidades de todas las direcciones orientales y de todas las occidentales sería siempre la misma, tanto entre ciertos cuerpos particulares, si se supone que sólo ellos se comunican ahora entre sí, como con respecto a todo el universo, donde la diferencia es siempre nula, porque todo está perfectamente equilibrado y las direcciones orientales y occidentales son perfectamente iguales en el universo; y si Dios hace algo contra esta regla, ello constituye un milagro.

Por lo tanto, es infinitamente más racional y digno de Dios suponer que ha creado desde el principio la máquina del mundo de tal modo, que sin violar a cada instante las dos grandes leyes de la naturaleza, a saber: la de la fuerza y la de la dirección, y más bien siguiéndolas perfectamente (salvo el caso de los milagros), sucede justamente que el mecanismo de los cuerpos está listo para funcionar por sí mismo como debe, en el momento en que el alma tiene una voluntad o pensamiento conveniente, los que, a su vez, sólo ha tenido en conformidad con los precedentes estados de los cuerpos, y que, por tanto, la unión del alma con la máquina del cuerpo y las partes que la forman, así como la acción de la una sobre el otro, sólo consiste en esta concomitancia que indica la sabiduría admirable del creador mucho más que cualquier otra hipótesis. No podría negarse que mi hipótesis sea por lo menos posible, y que Dios sea un artífice bastante grande para ejecutarla; después de lo cual se juzgará fácilmente que esta hipótesis es la más probable, por ser la más sencilla y la más inteligible, y, además, porque resuelve de un golpe todas las dificultades, para no decir nada de las acciones criminales, en las cuales parece más racional no hacer concurrir a Dios sino sólo para la conservación de las fuerzas creadas.

En fin, para servirme de una comparación, diré que el caso de esta concomitancia que yo sostengo, es semejante al de diferentes bandas de músicos o al de coros, que tocan separadamente sus partes y, colocados de manera que no se ven e incluso no se oyen entre sí, pueden, sin embargo, concordar perfectamente siguiendo cada uno sus notas respectivas, de modo que la persona que los escucha a todos encuentra una armonía maravillosa y mucho más sorprendente que si hubiese una conexión entre ellos. Podría también darse el caso de alguien que estuviese en uno de esos dos coros, y que juzgase, por éste, lo que hace el otro, y se habituara a ello de tal manera (particularmente si se supone que podía oír el suyo sin verlo y ver el otro sin oírlo) que, ayudado por su imaginación, no pensase ya en el coro que integra sino en el otro, o sólo tomase el suyo por un eco del otro, no atribuyendo a su coro sino ciertos intermedios en que no aparecieran algunas reglas de sinfonía por medio de las cuales juzga del otro, o bien atribuyendo al suyo ciertos movimientos que hace ejecutar de su parte según ciertos propósitos que cree imitarán los demás, a causa de la relación con esto que encuentra en el carácter de la sinfonía, sin saber que los que están en el otro coro hacen en esto algo semejante, según sus propios designios.

Sin embargo, en manera alguna desapruebo que se tome a los espíritus como causas ocasionales y aun reales en cierto modo, de algunos movimientos de los cuerpos; pues en cuanto a las resoluciones divinas, lo que Dios ha previsto y preestablecido respecto de los espíritus ha sido una ocasión para hacerlos regular desde el principio en conformidad con los cuerpos, a fin de que estuviesen en mutuo acuerdo según las leyes y las fuerzas que él les daría; y como el estado del uno es una consecuencia infalible, aunque a menudo contingente e incluso libre, del estado del otro, puede decirse que Dios hace que haya una conexión real en virtud de esta noción general de las substancias, que lleva a que se expresen todas recíprocamente, pero tal conexión no es inmediata, pues sólo se funda en lo que Dios ha hecho al crearlas.

Si mi opinión de que la substancia exige una verdadera unidad sólo se fundara en una definición que hubiese forjado contra el uso común, entonces sólo se trataría de una disputa de palabras; pero, además de que los filósofos han tomado habitualmente este término casi de la misma manera, *distinguendo unum per se et unum per accidens, formamque substantialem et accidentalem, mixta imperfecta et perfecta, naturalia et artificialia,* considero las cosas desde más alto, sin preocuparme de los términos. Así, creo que allí donde no hay más que seres por agregación, no habrá tampoco seres reales. En efecto, todo ser por agregación supone seres dotados de una verdadera unidad, porque sólo toma su realidad de la de aquellos de que se compone; de manera que no tendrá ninguna, si cada ser de que se compone es también un ser por agregación; o bien hay que buscar de nuevo otro fundamento de su realidad, el cual, si se ha de continuar buscando por esta vía, no se encontrará jamás. Concedo, señor, que en toda la naturaleza corpórea no hay más que máquinas (a menudo animadas); pero no concedo que sólo haya agregados de substancias, y si sólo hay agregados de substancias, tiene que haber también verdaderas substancias para que se formen los agregados. Por tanto, hay que ir necesariamente o a los puntos matemáticos, con los cuales algunos autores componen la extensión, o a los átomos de Epicuro y de Cordemoy (cosas que rechazáis como yo), o bien hay que confesar que no se encuentra ninguna realidad en los cuerpos; o, en fin, hay que admitir algunas substancias que tengan una verdadera unidad. Ya he dicho en otra carta que al compuesto de los diamantes del Gran Duque y del Gran Mogol puede llamársele un par de diamantes; pero éste no es más que un ente de razón, y aun cuando se acerque un diamante al otro, será un ente de imaginación o de percepción, es decir, un fenómeno; pues el contacto, el movimiento común, el concurso a un mismo propósito no cambian nada de la unidad substancial. Es cierto que hay ora más, ora menos fundamento para suponer que varias cosas forman una sola, según su mayor o menor conexión; pero esto sólo sirve para abreviar nuestros pensamientos y para representar los fenómenos.

Parece también que lo que constituye la esencia de un ser por agregación es sólo una manera de ser de los seres de que se compone; por ejemplo, lo que constituye la esencia de un ejército no es sino una manera de ser de los hombres que lo componen. Esta manera de ser supone, pues, una substancia cuya esencia no sea una manera de ser de una substancia. Toda máquina supone también alguna substancia en las piezas de que está hecha, y no hay pluralidad sin verdadera unidad. Para abreviar, tengo por un axioma esta proposición idéntica, que sólo se diversifica por el acento, a saber: lo que no es verdaderamente un ser, no es tampoco verdaderamente un *ser*.[1] Se ha creído siempre que lo uno y el ser son cosas recíprocas. Una cosa es el ser y otra, los seres; pero el plural supone el singular, y allí donde no hay un ser, menos habrá varios seres. ¿Puede decirse algo con más claridad? He creído, pues, que se me permitiría distinguir los seres por agregación de las substancias, puesto que tales seres sólo tienen su unidad en nuestro espíritu, unidad que se funda en las relaciones o modos de las verdaderas substancias. Si una máquina es una substancia, un círculo de hombres que se enlazan por las manos lo será también, así como un ejército y, en fin, toda pluralidad de substancias.

No digo que no hay nada substancial, o que sólo hay apariencia en las cosas que no tienen una verdadera unidad, pues concedo que tienen siempre tanta realidad o substancialidad como verdadera unidad hay en lo que entra en su composición.

Objetáis, señor, que pueda pertenecer a la esencia del

---

[1] ...ce qui n'est pas véritablement un être, n'est pas non plus véritablement un être. Juego de palabras que podemos expresar así: un ser=ser uno.

cuerpo el no tener una verdadera unidad; pero en tal caso pertenecerá a la esencia del cuerpo el ser un fenómeno desprovisto de toda realidad, como lo sería un sueño ordenado; pues los fenómenos mismos, como el arco iris o un montón de piedras, serían completamente imaginarios si no estuviesen compuestos de seres dotados de una verdadera unidad.

Decís que no véis lo que me lleva a admitir esas formas substanciales o, más bien, esas substancias corpóreas dotadas de una verdadera unidad. Pues bien; lo que me induce a esto es que no concibo ninguna realidad sin una verdadera unidad. Y para mí la noción de substancia singular implica consecuencias incompatibles con un ser por agregación. Concibo en la substancia propiedades que no pueden explicarse por la extensión, la figura y el movimiento. Además, no hay en los cuerpos ninguna figura exacta y fija, a causa de la subdivisión actual de lo continuo hasta el infinito. Por otra parte, el movimiento, en tanto que es sólo una modificación de la extensión y un cambio de distancia, implica algo de imaginario, de suerte que no podría determinarse a cuál sujeto pertenece entre los que cambian, si no se recurriera a la fuerza que es causa del movimiento y que reside en la substancia corpórea. Reconozco que no hay necesidad de mencionar esas substancias y cualidades para explicar los fenómenos particulares; pero tampoco hay necesidad de examinar el concurso de Dios, la composición de lo continuo, lo lleno e inumerables cosas más. Reconozco que pueden explicarse mecánicamente las particularidades de la naturaleza; pero esto es posible después de haber aceptado o supuesto los principios de la mecánica misma, los cuales sólo pueden establecerse *a priori* mediante razonamientos metafísicos; e incluso las dificultades *de compositione continui* no se resolverán jamás mientras se considere que la extensión constituye la substancia de los cuerpos y nos enredemos con nuestras propias quimeras.

Creo también que querer limitar casi sólo al hombre la verdadera unidad o substancia, es ser tan estrecho en metafísica como lo eran en física los que encerraban el mundo en una bala. Y siendo las substancias verdaderas otras tantas expresiones de todo el universo, desde su punto de vista, y otras tantas reproducciones de las obras divinas es conforme con la grandeza y la belleza de las obras de Dios concebir que hay en este universo tantas como sean posibles y como lo permitan razones superiores, puesto que estas substancias no se estorban mutuamente. La hipótesis de la extensión pura y simple destruye toda esta maravillosa variedad; la masa sola (si fuese posible concebirla) se encuentra tan por debajo de una substancia que es percepción y representación de todo el universo según su punto de vista y según las impresiones (o, mejor dicho, relaciones) que su cuerpo recibe mediata o inmediatamente de todos los demás, como un cadáver está por debajo de un animal o, más bien, como una máquina por debajo de un hombre. Por esta misma razón los signos de lo porvenir se forman de antemano, las huellas de lo pasado se conservan siempre en cada cosa y la causa y el efecto se corresponden exactamente hasta en el detalle de la menor circunstancia, bien que todo efecto dependa de una infinidad de causas y toda causa produzca una infinidad de efectos; lo cual no sería posible obtener si la esencia del cuerpo consistiese en una cierta figura, movimiento o modificación de la extensión que estuviese determinada. Pero en la naturaleza no hay nada de esto; en rigor, todo es indefinido respecto de la extensión, y la que atribuirnos a los cuerpos es sólo un fenómeno y una abstracción; lo cual muestra cuánto se equivoca uno en tales materias por no haber hecho estas reflexiones, tan necesarias para reconocer los verdaderos principios y tener una idea exacta del universo. Y me parece que hay tanto prejuicio en no aceptar esta idea tan racional como en no reconocer la grandeza del mundo, la subdivisión al infinito y las explicaciones mecánicas de la naturaleza. Hay tanto error en concebir la extensión como una noción primitiva sin concebir la verdadera noción de la substancia y de la acción como lo había antes en limitarse a considerar las formas substanciales en términos generales, sin entrar en el detalle de las modificaciones de la extensión.

La pluralidad de almas (a las cuales no por esto atribuyo siempre el placer o el dolor) no debe afligirnos, así como tampoco nos afligen los átomos de los gassendistas, que son tan indestructibles como esas almas. Por el contrario, es una perfección de la naturaleza el que haya muchas, porque un alma, o bien una substancia animada, es infinitamente más perfecta que un átomo, que no tiene ninguna variedad ni subdivisión, mientras que toda cosa animada contiene un mundo de diversidades en una verdadera unidad. Ahora bien, la experiencia prueba esta pluralidad de cosas animadas. Se observa una cantidad prodigiosa de animales en una gota de agua saturada de pimienta, pudiéndose matar millones de ellos de un golpe;

y tanto las ranas de los egipcios como las codornices de los israelitas, de que vos habláis, señor, no se aproximan en número a aquéllos. Ahora bien, si esos animales tienen almas, habrá que decir de éstas lo que puede afirmarse probablemente de los animales mismos, a saber, que estaban ya vivos desde la creación del mundo y lo estarán hasta su fin; y que, siendo la generación, según toda apariencia, un cambio que consiste en el crecimiento, la muerte será sólo un cambio de disminución, que hace entrar al animal en el hundimiento de un mundo de pequeñas criaturas, donde hay percepciones más limitadas, hasta que el orden lo llama quizá a reaparecer en el teatro de la vida. Los antiguos se equivocaron cuando introdujeron las transmigraciones de las almas en lugar de las transformaciones de un mismo animal que guarda siempre la misma alma; pusieron *metempsychoses pro metaschematismis*. Pero, o los espíritus no están sometidos a estas revoluciones, o bien es necesario que tales revoluciones de los cuerpos sirvan a la economía divina con relación a los espíritus, Dios los crea en el momento oportuno y los separa del cuerpo (al menos del cuerpo grosero) por medio de la muerte, porque deben siempre conservar sus cualidades morales y su reminiscencia para ser ciudadanos perpetuos de esa república universal perfectísima cuyo monarca es Dios, la cual no podría perder ninguno de sus miembros, y cuyas leyes son superiores a las de los cuerpos. Reconozco que el cuerpo separado del alma no tiene más que unidad por agregación; pero la realidad que le queda procede de las partes que lo componen y que conservan su unidad substancial a causa de los innumerables cuerpos vivos incluidos en él.

Sin embargo, aunque pueda suceder que un alma tenga un cuerpo compuesto de partes animadas por almas diversas, el alma o forma del todo no se compone por esto de las almas o formas de las partes. En cuanto a un insecto que se divide, no es necesario que las dos partes queden animadas, aunque conserven algún movimiento. A lo menos, el alma del insecto entero sólo permanecerá en una de las partes, y como en la formación y en el crecimiento del insecto el alma se encontraba desde el principio en determinada parte ya viva, permanecerá también, después de la destrucción del insecto, en determinada parte aún viva, que será siempre tan pequeña cuanto sea preciso para estar a cubierto de la acción de lo que desgarra o destruya el cuerpo de ese insecto, sin que haya necesidad de imaginarse con los judíos que hay un pequeño hueso de una dureza invencible, en el cual se salva el alma.

Convengo en que hay grados en la unidad accidental; que una sociedad ordenada tiene más unidad que un gentío confuso, y que un cuerpo organizado, o bien una máquina, tiene más unidad que una sociedad, es decir, que es más fácil concebirlas como una sola cosa, porque hay más relaciones entre las partes constituyentes; pero, al fin, todas estas unidades sólo reciben su realización de los pensamientos y apariencias, como los colores y los otros fenómenos que no por esto dejan de llamarse reales. La tangibilidad de un montón de piedras o de un bloque de mármol no prueba mejor su realidad substancial que la visibilidad de un arco iris la realidad substancial de éste, y como nada hay tan sólido que no tenga un grado de fluidez, quizá ese bloque de mármol sea sólo un montón de una infinidad de cuerpos vivos, como un lago lleno de peces, bien que estos animales ordinariamente sólo se distinguen a simple vista en los cuerpos ya casi corrompidos. Puede, pues, decirse de esos compuestos y de otras cosas semejantes lo que Demócrito decía muy bien de ellos, a saber: *esse opinione, lege,* νόμῳ. Y Platón es de la misma opinión respecto a todo lo que es puramente material. Nuestro espíritu advierte o concibe algunas substancias verdaderas que tienen ciertos modos; estos modos implican relaciones con otras substancias, en lo cual el espíritu encuentra ocasión para unirlos en el pensamiento y adoptar un nombre que abarque todas esas cosas juntas, lo cual sirve para la comodidad del razonamiento; pero no hay que dejarse engañar haciendo de ellos otras tantas substancias o seres verdaderamente reales. Así proceden los que se detienen en las apariencias, o bien los que convierten en realidades todas las abstracciones del espíritu, y conciben el número, el tiempo, el lugar, el movimiento, la figura, las cualidades sensibles como otros tantos seres independientes. En vez de esto sostengo que no se puede restablecer mejor la filosofía y reducirla a algo preciso sino reconociendo las únicas substancias o seres completos, dotados de una verdadera unidad en sus diferentes estados que se suceden unos a otros, no siendo todo lo demás sino fenómenos, abstracciones o relaciones.

Jamás se encontrará una clase de orden que convierta en una substancia verdadera muchos seres por agregación; por ejemplo, si las partes que abrigan un mismo designio son más propias para componer una verdadera substancia que las partes que se tocan, todos los oficiales de la Compañía de las Indias Holandesas constituirán una substancia real mucho mejor que un montón de piedras; pero el designio común, ¿es otra cosa que una semejanza, o bien un orden de acciones y pasiones que nuestro espíritu advierte en cosas diferentes? Si se prefiere la unidad por contacto, se encontrarán otras dificultades. Los cuerpos sólidos no tienen quizá sus partes unidas sino por la presión de los cuerpos circundantes, y en su substancia no tienen más unión que la que tiene un montón de arena, *arena sine calce*. ¿Por qué varios anillos entrelazados para formar una cadena habrán de componer una substancia verdadera mejor que si tuviesen aberturas para poder separarse los unos de los otros? Puede suceder que ninguna de las partes de la cadena toque la otra, ni la abarque siquiera, y que, sin embargo, estén de tal manera entrelazadas que, a menos de tomarlas de cierto modo, no sea posible separarlas, como en

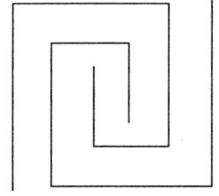

el caso de la figura adjunta. ¿Se dirá en este caso que la substancia del compuesto de estas cosas está como en suspenso y pendiente de la habilidad de quien quiera en lo futuro separarlas? Ficciones del espíritu por todas partes, y hasta que no se discierna lo que es verdaderamente un ser completo o una substancia, no habrá ningún punto fijo en que sea posible detenerse, y aquí está el único medio para establecer principios sólidos y reales. En conclusión, no debe asegurarse nada sin fundamento; incumbe, pues, a los que forjan seres y substancias sin una verdadera unidad, probar que hay en ellos más realidad que la que acabo de decir; y espero que se me dé la noción de una substancia o de un ser que pueda comprender todas estas cosas; después de lo cual las partes y quizás también los sueños podrán un día pretender a la calidad de substancias, a menos que se pongan límites precisos a este *droit de bourgeoisie*[1] que quiere concederse a los seres formados por agregación.

Me he extendido sobre estas materias a fin de que podáis juzgar no sólo mis opiniones, sino también las razones que me han obligado a seguirlas, y que someto a vuestro juicio, cuya equidad y justicia reconozco. Someto a él también lo que hayáis encontrado en las *Nouvelles de la République des lettres*, en respuesta al abate Catelan que considero hombre hábil, según lo que habéis dicho de él; pero lo que ha escrito contra Huygens y contra mí muestra que obra con un poco de ligereza. Veremos cómo procederá ahora.

Me place saber el buen estado de vuestra salud, y deseo su continuación con todo el celo y toda la pasión que hace que yo sea, señor, vuestro, etc.

P. S. Reservo para otra ocasión algunas cuestiones que habéis tocado en vuestra carta.

---

[1] El *bourgeois* era el miembro de un burgo o villa, y tenía algunos derechos semejantes a los de un munícipe. Parece, pues, que con ese *droit de bourgeoisie* Leibniz alude a una ciudadanía inferior (N. del T.).

A. ARNAULD A LEIBNIZ

*28 de agosto de 1687.*

Debo comenzar por pediros excusas de que responda tan tarde a vuestra carta del 3 de abril. He tenido desde entonces diversas enfermedades y ocupaciones, y, además, cada vez es mayor la dificultad en aplicarme a cosas tan abstractas. Por esto os ruego no toméis a mal que os diga en pocas palabras lo que pienso sobre lo que me decís de nuevo en vuestra última carta.

1. No tengo una idea clara de lo que entendéis por la palabra expresar cuando decís que "nuestra alma expresa más distintamente *cæteris paribus* lo que pertenece a su cuerpo, puesto que expresa también todo el universo en cierto sentido". Pues si por esta expresión entendéis algún pensamiento o conocimiento, no puedo estar de acuerdo en que mi alma tenga más pensamiento y conocimiento del movimiento de la linfa en los vasos linfáticos que del movimiento de los satélites de Saturno. Si lo que llamáis expresión no es ni pensamiento ni conocimiento, yo no sé lo que es. De manera que esto no puede servirme de nada para resolver la dificultad que os había propuesto, a saber, cómo puede tener mi alma un sentimiento de dolor cuando

alguien me pica mientras duermo, ya que para esto sería necesario que el alma supiese que me pican, mientras que sólo tiene este conocimiento por el dolor que siente.

2. Acerca del siguiente razonamiento de la filosofía de las causas ocasionales: "Mi mano se mueve tan pronto como yo lo quiera. Ahora bien, la causa real de este movimiento no es ni mi alma, ni tampoco el cuerpo. Por tanto, es Dios", vos decís que esto es suponer que un cuerpo no puede moverse por sí mismo, lo cual no es vuestro pensamiento, y que sostenéis que lo que hay de real en el estado que se llama movimiento, procede de la substancia corpórea, así como el pensamiento y la voluntad proceden del espíritu.

Pero me parece muy difícil comprender que un cuerpo que no tiene movimiento se lo pueda dar a sí mismo. Y si se admite esto, se arruina una de las pruebas de Dios: la necesidad de un primer motor.

Además, aun cuando un cuerpo pudiera darse movimiento a sí mismo, eso no impediría que mi mano se moviese cuando yo quisiera. Pues, careciendo de conciencia ¿cómo podría saber ella cuándo quisiera yo que se moviese?

3. Tengo más cosas que decir sobre esas formas substanciales indivisibles e indestructibles que creéis que se deben admitir en todos los animales y quizá también en las plantas, porque, de otro modo, la materia (que suponéis que no se compone de átomos ni de puntos matemáticos, sino que es divisible al infinito) no sería *unum per se*, sino sólo *aggregatum per accidens*.

1. Os he respondido que es quizá esencial a la materia, el más imperfecto de todos los seres, el no tener nunca

verdadera y propia unidad, como creyó San Agustín, y el ser siempre *plura entia,* y no propiamente *unum ens,* y que esto no es más incomprensible que la divisibilidad de la materia al infinito, la cual admitís.

Vos replicáis que esto no es posible, porque no puede haber *plura entia* donde no hay *unum ens.*

Pero cómo podéis serviros de esta razón, que Cordemoy habría podido creer verdadera, pero que, según vos, debe ser necesariamente falsa, puesto que, fuera de los cuerpos animados, que no forman la cien milésima parte de ellos, es necesario que todos los demás, que no tienen nunca, según vos, formas substanciales, sean *plura entia,* y no propiamente *unum ens.* No es, pues, imposible que haya plura *entia* donde no hay propiamente *unum ens.*

2. No veo que vuestras formas substanciales puedan remediar esta dificultad. En efecto, el atributo del *ens* que se llama *unum,* tomado, como lo hacéis, en riguroso sentido metafísico, debe ser esencial e intrínseco a lo que se llama *unum ens.* Por tanto, si una partícula de materia no es nunca *unum ens,* sino *plura entia,* no concibo que una forma substancial, a la cual, siendo realmente distinta, sólo podría dársele una denominación extrínseca, pueda hacer que ella cese de ser *plura entia,* y que se convierta en *unum ens* por una denominación intrínseca. Comprendo bien que esto podrá ser una razón para llamarle *unum ens,* no tornando la palabra *unum* en este riguroso sentido metafísico. Pero no hay necesidad de estas formas substanciales para dar el nombre de *unum* a una infinidad de cuerpos inanimados. Pues ¿acaso no es expresarse bien decir que el sol es uno, que la tierra que habitamos es una, etcétera? No se

comprende, pues, que haya necesidad alguna de admitir estas formas substanciales para dar una verdadera unidad a los cuerpos, que sin ellas no la tendrían.

3. No admitís esas formas substanciales más que en los cuerpos animados. Ahora bien, no hay cuerpo animado que no sea organizado, ni cuerpo organizado que no sea *plura entia*. Por tanto, lejos de hacer vuestras formas substanciales que los cuerpos a los cuales se unen no sean *plura entia*, es necesario que sean *plura entia*, a fin de que estén unidos a ellas.

4. No tengo ninguna idea clara de esas formas substanciales o almas de los animales. Es necesario que las consideréis como substancias, puesto que las llamáis substanciales y porque decís que sólo las substancias son seres verdaderamente reales, entre los cuales ponéis principalmente esas formas substanciales. Ahora bien; sólo conozco dos clases de substancias: los cuerpos y los espíritus; y los que pretenden que hay otras, deben demostrarlo, pues, según la máxima con que concluís vuestra carta, "no debe asegurarse nada sin fundamento". Supongamos, pues, que esas formas substanciales son cuerpos o espíritus. Si son cuerpos, deben ser extensas y, por consiguiente, divisibles, y divisibles al infinito; de donde se sigue que no son *unum ens*, sino *plura entia*, lo mismo que los cuerpos que animan, y, por tanto, no podrán darles verdadera unidad. Si son espíritus, entonces su esencia consistirá en pensar, pues esto es lo que concibo por la palabra espíritu. Ahora bien, me resulta difícil comprender que una ostra, que un gusano piensen. Por otra parte, como manifestáis en esa carta no estar seguro de que las plantas no tienen alma, ni vida, ni

forma substancial, sería también necesario que no estuviéseis seguro de si las plantas no piensan, puesto que no siendo su forma substancial, si la tuvieren, un cuerpo, ya que, como tal, no sería extensa, debería ser un espíritu, es decir, una substancia que piensa.

5. La indestructibilidad de estas formas substanciales o almas de los animales me parece aún más insostenible. Os había preguntado en qué se convertían esas almas de los animales cuando éstos mueren o se les mata; por ejemplo, cuando se queman orugas, ¿qué se hacen sus almas? Vos me respondéis que "el alma queda en una pequeña parte aún viva del cuerpo de cada oruga, que será siempre tan pequeño como es preciso para estar a cubierto de la acción del fuego que destruye o disipa los cuerpos de esas orugas". Lo cual os hace decir que los antiguos se equivocaron cuando introdujeron las transmigraciones de las almas en lugar de las transformaciones de un mismo animal que guarda siempre la misma alma". No podía imaginarse nada más sutil para resolver esta dificultad. Pero atended, señor, a lo que os voy a decir de esto. Cuando un gusano de seda pone sus huevos, cada uno de éstos, según vos, tiene un alma de gusano de seda, por lo cual cinco o seis meses después salen de ellos pequeños gusanos de seda. Ahora bien; si se hubiesen quemado cien gusanos de seda, habría también, según vos, cien almas de gusanos de seda en otras tantas pequeñas partículas de esas cenizas. Mas, por una parte, no sé a quién podréis convencer de que cada gusano de seda, después de quemado, sigue siendo el mismo animal, que ha conservado la misma alma unida a una pequeña partícula de ceniza que era antes una pequeña parte de su cuerpo; y por la otra, si así

fuese, ¿por qué no nacen gusanos de seda de esas partículas de ceniza, como nacen de los huevos?

6. Pero esta dificultad parece mayor en el caso de aquellos animales que se sabe con más certeza que sólo nacen de la unión de dos sexos. Yo pregunto, por ejemplo, qué fue del alma del cordero que Abraham inmoló en lugar de Isaac, y que quemó en seguida. No me diréis que pasó al feto de otro cordero, porque ésta sería la metempsicosis de los antiguos, que vos condenáis. Pero me responderéis que permaneció en una partícula del cuerpo del cordero que fue reducido a cenizas, y que, de esta manera, sólo se ha producido una transformación del mismo animal que ha tenido siempre la misma. Esto podría decirse con alguna verosimilitud, dentro de vuestra hipótesis de las formas substanciales, de una oruga que se convierte en mariposa, porque ésta es un cuerpo organizado, lo mismo que aquélla, pues conserva muchas partes de la oruga sin cambio alguno, habiendo cambiado las otras partes sólo de figura. Pero esa parte del cordero reducida a cenizas, y a la que se ha retirado su alma, no siendo organizada, no se la puede tomar por un animal; de esta manera, el alma del cordero a que va unida no compone un animal, y aún menos un cordero, como debería hacer el alma de un cordero. ¿Qué hará, pues, el alma del cordero en esta ceniza? Porque no puede separarse de ésta e ir a otra parte: esto sería una transmigración de alma, la cual condenáis. Y sucede lo mismo con una infinidad de otras almas que, hallándose unidas a partes de materia no organizada, no compondrían nunca animales, y no se ve que puedan serlo según las leyes establecidas en la naturaleza. Sería, pues, una infinidad de co-

sas monstruosas esta infinidad de almas unidas a cuerpos que no estarían animados.

No ha mucho tiempo que vi lo que el abate Catelan respondió a vuestra réplica en las *Nouvelles de la République des lettres* correspondiente al mes de junio. Lo que dice me parece muy claro. Pero quizá no ha comprendido bien vuestro pensamiento; de manera que espero la respuesta que le daréis.

Soy, señor, vuestro muy humilde y muy obediente servidor.

LEIBNIZ A ARNAULD

*Hannover, 9 de octubre de 1687.*

Señor,
Como siempre tendré en cuenta vuestro juicio cuando podéis instruiros de lo que se trata, deseo hacer aquí un esfuerzo para obtener que las posiciones que considero importantes y casi aseguradas os parezcan, si no ciertas, por lo menos sostenibles. En efecto, no me parece difícil responder a las dudas que os quedan, y que, en mi opinión, se deben sólo a que una persona prevenida y distraída, por otra parte, por muy hábil que sea, le cuesta mucho comprender al principio un pensamiento nuevo sobre una materia alejada de los sentidos, y en el cual ni las figuras, ni los modelos, ni la imaginación pueden ayudarnos.

Había dicho que el alma, al expresar naturalmente todo el universo en cierto sentido, y según la relación que los demás cuerpos mantienen con el suyo, y, por consiguiente, al expresar más inmediatamente lo que pertenece a las partes de su cuerpo, debe, en virtud de las leyes de relación que le son esenciales, expresar de manera particular algunos movimientos extraordinarios de las partes de su cuerpo, lo cual sucede cuando ella siente dolor. A lo que vos respondéis que no tenéis una idea clara de lo que yo entiendo por la palabra expresar. Si por ella entiendo un pensamiento, no convenís en que el alma tiene más pensamiento y conocimiento del movimiento de la linfa de los vasos linfáticos que de los satélites de Saturno; pero si por dicha palabra entiendo alguna otra cosa, decís que no sabéis lo que es, y, por consiguiente (en el supuesto que no pueda darle una explicación clara y distinta), ese término no servirá de nada para hacer conocer cómo el alma puede darse la sensación de dolor, puesto que para ello sería necesario (según vos) que conociese ya que me punzan, mientras que, en realidad, no tiene ese conocimiento sino por el dolor que siente. Para responder a esto, explicaré el término que juzgáis oscuro, y lo aplicaré a la dificultad que proponéis. Una cosa expresa otra (en mi lenguaje) cuando hay una relación constante y ordenada entre lo que puede decirse de las dos. En este sentido una proyección en perspectiva expresa su plano. La expresión es común a todas las formas, y constituye un género del que son especies la percepción natural, la sensación animal y el conocimiento intelectual. En la percepción natural y en la sensación, basta que lo que es divisible y material y se encuentra disperso en varios seres, se exprese o represente en un solo ser indivisible, o en la substancia dotada de una verdadera unidad. No puede dudarse de la posibilidad de la representación de varias cosas en una sola, porque nuestra alma nos proporciona un ejemplo de ello. Pero esa representación va acompañada de conciencia en el alma racional, y entonces se le llama pensamiento. Ahora bien, esa expresión tiene lugar en todas partes, porque cada substancia simpatiza con todas las demás y recibe algún cambio proporcional, que corresponde al menor cambio que tiene lugar en todo el universo, aunque ese cambio es más o menos notable, según la relación que los otros cuerpos o sus acciones tienen con el nuestro. En este punto creo que el propio Descartes hubiese convenido, porque habría admitido, sin duda, que, a causa de la continuidad y divisibilidad de toda la materia, el menor movimiento extiende su efecto a los cuerpos vecinos, y, por tanto, de uno en otro hasta el infinito, aunque disminuyendo proporcionalmente. Así, nuestro cuerpo debe ser afectado en cierto modo por los cambios de todos los demás. Ahora bien, a todos los movimientos de nuestro cuerpo corresponden ciertas percepciones o pensamientos más o menos confusos en nuestra alma; por tanto, el alma tendrá también algún pensamiento de todos los movimientos del universo, y, en mi opinión, toda alma o substancia tendrá alguna percepción o expresión de ellos. Es verdad que no nos apercibimos distintamente de todos los movimientos de nuestro cuerpo, como, por ejemplo, el de la linfa; mas (para servirme de un ejemplo que ya he empleado) así como es necesario que yo tenga alguna percepción del movimiento de cada ola sobre la orilla para poder apercibir lo que resulta de la reunión de las olas, a saber, el gran ruido que se oye cerca del mar, de igual modo sentimos también algún resultado confuso de todos los movimientos que tienen lugar en nosotros; mas, estando acostumbrados a ese movimiento interno, no nos apercibimos de ello distintamente y en forma reflexiva, sino cuando se produce una alteración considerable, como en el comienzo de las enfermedades. Y sería de desear que los médicos se aplicaran a distinguir con más exactitud esta clase de sensaciones confusas que tenemos en nuestro cuerpo. Ahora bien; puesto que sólo nos apercibimos de los otros cuerpos por la relación que tienen con el nuestro, he tenido razón para decir que el alma expresa mejor lo que pertenece a nuestro cuerpo; así, sólo se conocen los satélites de Saturno o de Júpiter como consecuencia de un movimiento que tiene lugar en nuestros ojos. Creo que en todo esto compartiría mi opinión un cartesiano, excepto en que yo supongo que hay alrededor de nosotros otras almas además de la nuestra, a las cuales atribuyo una expresión o percepción inferior al pensamiento, mientras que los cartesianos rehúsan la sensación a las bestias y no admiten forma substancial fuera del hombre, lo cual nada tiene que ver con el problema sobre la causa del dolor, que aquí tratamos. Se trata, pues, ahora de saber cómo el alma se apercibe de los movimientos de su cuerpo, porque no se ve medio de explicar por qué cauces la acción de una masa extensa pasa a un ser indivisible. Los cartesianos ordinarios confiesan que no pueden dar razón de esta unión; los autores de la hipótesis de las causas ocasionales creen que es *"nodus vindice dignus, cui Deus ex machina intervenire debeat";* pero yo la explico de una manera natural. Por la noción de la substancia o del ser completo en general, que muestra que su estado presente es siempre una consecuencia natural de su estado precedente, se sigue que la naturaleza de cada substancia singular y, por consiguiente, de toda alma consiste en expresar el universo, y que ha sido creada desde el principio de tal suerte, que en virtud de las propias leyes de su naturaleza tiene que concordar con lo que sucede en los cuerpos, y particularmente con lo que pasa en el suyo; no hay, pues, que asombrarse de que le corresponda representarse la punzada cuando da ésta a su cuerpo. Y para completar la explicación de esta materia, sean:

| | |
|---|---|
| Estado de los cuerpos en el momento A | Estado del alma en el momento A |
| Estado de los cuerpos en el momento B | Estado del alma en el momento B |
| (punzada) | (dolor) |

Así como el estado de los cuerpos en el momento B procede del estado de los cuerpos en el momento A, del mismo modo B, estado del alma, es una consecuencia de A, estado precedente de la misma alma, según la noción de la substancia en general. Ahora bien, los estados del alma son natural y esencialmente expresiones de los estados correspondientes del mundo, y, en particular, de los cuerpos que, en ese momento, son suyos; por tanto, puesto que la punzada forma parte del estado del cuerpo en el momento B, la representación o expresión de la punzada, que es el dolor, formará también parte del alma en el momento B; pues así como un movimiento procede de otro movimiento, de igual modo una representación procede de otra representación en una substancia cuya naturaleza consiste en ser representativa. Así, el alma tiene que apercibirse de la punzada cuando las leyes de relación exigen que exprese más distintamente un cambio más notable de las partes de su cuerpo. Es cierto que el alma no se apercibe siempre distintamente de las causas de la punzada y de su dolor futuro cuando están todavía ocultas en la representación del estado A, como cuando uno duerme o bien cuando, de cualquier otro modo, no ve uno acercarse el alfiler; pero esto se debe a que los movimientos del alfiler hacen entonces poca impresión; y aunque seamos ya afectados en cierto modo por todos esos movimientos y por las representaciones en nuestra alma, y aunque tengamos la representación o expresión de las causas de la punzada y, por consiguiente, la causa de la representación de la punzada misma, es decir, la causa del dolor, sin embargo, sólo podríamos distinguirlas de otros tantos pensamientos y movimientos cuando se hacen notables. Nuestra alma sólo dirige su reflexión a los fenómenos más singulares, que se distinguen de los demás, y no piensa distintamente en ninguno cuando piensa igualmente en todos. Después de lo cual ya no me sería posible adivinar dónde pueda encontrarse la menor sombra de dificultad, a menos que se niegue que Dios pueda crear substancias hechas desde el principio en tal forma que, en virtud de su propia naturaleza, concuerden después con los fenómenos de todas las demás. Ahora bien, no hay razón para negar esta posibilidad, y puesto que vemos que algunos matemáticos representan los movimientos de los cielos en una máquina (como cuando

*Jura poli rerumque fidem legesque deorum*
*Cuncta Syracusius transtulit arte senex,*

lo cual podemos hacer hoy día mejor que Arquímedes en su tiempo), ¿por qué Dios, que los supera infinitamente, no podrá desde el principio crear substancias representantivas, de manera que expresen por sus propias leyes, y según el cambio natural de sus pensamientos o representaciones, todo lo que debe suceder a cada cuerpo? Lo cual me parece no sólo fácil de concebir, sino también digno de Dios y de la belleza del universo, y en cierta manera necesario, pues todas las substancias deben tener una armonía y enlace entre sí, y todas expresar el mismo universo y la causa universal, que es la voluntad de su creador, y los decretos o leyes que ha establecido para que armonicen lo mejor posible. Por ello esta correspondencia mutua de las diversas substancias (que no podrían obrar la una sobre la otra, hablando con rigor metafísico, y que, sin embargo, concuerdan como si la una obrase sobre la otra), es una de las pruebas más sólidas de la existencia de Dios o de una causa común, que cada efecto debe expresar siempre desde su punto de vista y según su capacidad. De otra manera los fenómenos de los espíritus diferentes no concordarían entre sí, y habría tantos sistemas como substancias, o bien sería un puro azar si alguna vez estuviesen de acuerdo. Toda la noción que tenemos del tiempo y del espacio está fundada en esta concordancia; pero no terminaría nunca si debiera explicar a fondo todo lo que se relaciona con nuestro tema. Sin embargo, he preferido ser prolijo a dejar de explicarme lo bastante.

Para pasar a las otras dudas vuestras, creo ahora que veréis, señor, lo que quiero expresar cuando digo que una substancia corpórea se da a sí misma su propio movimiento, o, más bien, lo que hay de real a cada instante en el movimiento, es decir, la fuerza derivativa, de la cual es una consecuencia, puesto que todo estado futuro de una substancia es un resultado de su estado precedente. Es cierto que un cuerpo que no tiene nunca movimiento no se lo puede dar a sí mismo; pero sostengo que no existe un cuerpo semejante. Me diréis que Dios puede reducir un cuerpo al estado de perfecto reposo; pero a esto respondo que Dios lo puede también reducir a nada, y que ese cuerpo, destituido de acción y de pasión, no puede encerrar una substancia, o al menos basta que declare que si Dios reduce algún cuerpo a un perfecto reposo, lo cual no podría hacerse sino por milagro, será necesario un nuevo milagro para comunicarle algún movimiento. Veis también que mi opinión, lejos de destruir, confirma la prueba del primer motor. Hay que dar siempre razón del comienzo del movimiento y de sus leyes y del acuerdo de los movimientos entre sí, lo cual no podría hacerse sin recurrir a Dios. Por lo demás, mi mano se mueve, no porque yo lo quiero (pues por más que desee que una montaña se mueva, si no tengo una fe milagrosa, no se moverá), sino porque no podría quererlo con éxito si no fuera justamente en el momento en que los resortes de la mano obran como se precisa para producir ese efecto; lo cual tiene lugar tanto más cuanto que mis pasiones concuerdan con los movimientos de mi cuerpo. Lo uno acompaña siempre a lo otro en virtud de la correspondencia establecida antes, pero cada uno tiene su causa inmediata en sí mismo.

Paso ahora al punto de las formas o almas, que considero indivisibles e indestructibles. No soy el primero que ha sostenido esta opinión. Parménides (del cual habla Platón con veneración), así como Meliso, ha sostenido que la generación y la corrupción son sólo aparentes; Aristóteles lo atestigua, libro 3, capítulo 2, *Del cielo,* y el autor del primer libro *de diæta*, que se atribuye a Hipócrates, dice expresamente que no puede engendrarse un animal completamente de nuevo, ni destruirse del todo. Alberto el Grande y Juan Bacon parece que creían que las formas substanciales han estado ocultas siempre en la materia; Fernel las hace descender del cielo, para no decir nada de aquellos que las desprenden del alma del mundo. Todos han visto una parte de la verdad, pero no la han desarrollado; algunos han creído en la transmigración, otros en la traducción de las almas, en lugar de pensar en la transmigración y transformación de un animal ya formado. Otros, no pudiendo explicar de manera diferente el origen de las formas, han concedido que comienzan por una verdadera creación, y en tanto que yo no admito esta creación en el transcurso de los tiempos sino con respecto al alma racional, sosteniendo que todas las formas que no piensan han sido creadas con el mundo, ellos creen que esa creación tiene lugar todos los días cuando se engendra el más pequeño gusano. Filipón, antiguo intérprete de Aristóteles, en su libro contra Proclo, y Gabriel Biel parecen haber sido de esta opinión. Me parece que Santo Tomás considera indivisible el alma de las bestias. Nuestros cartesianos van mucho más lejos, puesto que sostienen que toda alma y forma substancial verdadera debe ser indestructible e inengendrable. Por esto la rehúsan a las bestias, bien que Descartes, en una carta a Moro, manifiesta no querer asegurar que no la tienen. Y puesto que nadie se ofende de que algunos introduzcan átomos siempre subsistentes, por qué ha de parecer extraño que se diga lo mismo de las almas a las cuales la indivisibilidad conviene por su naturaleza, tanto más cuanto que uniendo la opinión de los cartesianos acerca de la substancia y el alma con la que tiene todo el mundo sobre el alma de las bestias, tal cosa se sigue necesariamente. Será difícil arrancar al género humano la opinión admitida siempre y en todas partes –universal, si alguna vez la hubo– de que las bestias tienen sensación. Ahora bien, suponiendo que sea verdadera, lo que sostengo con respecto a esas almas no es sólo necesario según los cartesianos, sino también importante para la moral y la religión, pues destruye una opinión peligrosa, a la que se inclinan muchas personas de talento, y que los filósofos italianos, sectarios de Averroes, habían propagado por el mundo, a saber: que cuando los animales mueren, las almas particulares retornan al alma del mundo, lo cual choca con mis demostraciones de la naturaleza de la substancia individual, y que no puede concebirse distintamente, pues toda substancia individual debe siempre subsistir aparte, una vez que ha comenzado a ser. Por esto las verdades que afirmo son muy importantes, y todos los que reconocen las almas de las bestias deben aprobarlas, mientras que los demás no deben, por lo menos, juzgarlas extrañas.

Mas para volver a vuestras dudas sobre esta indestructibilidad:

1. Había sostenido que hay que admitir en los cuerpos algo que sea verdaderamente un solo ser, pues la materia o masa extensa no es jamás en sí misma otra cosa que *plura entia,* como San Agustín señaló muy bien después de Platón. Ahora bien, de esto infiero que no hay varios seres allí donde no hay uno que sea verdaderamente un ser, y que toda multiplicidad supone la unidad. A lo cual repli-

cáis de varias maneras, pero sin tocar el argumento en sí mismo, contra el cual no hay objeción, y sirviéndoos sólo de objeciones *ad hominem*, poniendo inconvenientes y tratando de hacer ver que lo que digo no hasta para resolver la dificultad. Y ante todo, os asombráis, señor, de cómo puedo servirme de esa razón, que hubiera cuadrado bien en Cordemoy, que todo lo compone con átomos, pero que debe ser necesariamente falsa, de acuerdo con mi opinión (según juzgáis), puesto que, fuera de los cuerpos animados, que no constituyen la cienmillonésima parte de los demás, es preciso que todos los otros sean *plura entia, y* que, por tanto, la dificultad se presenta de nuevo. Mas por esto veo, señor, que aún no me he explicado bien para que aceptéis mi hipótesis. En efecto, además de no recordar haber dicho que no hay forma substancial fuera de las almas, estoy muy alejado de la opinión según la cual los cuerpos animados sólo son una pequeña parte de todos. Pues creo más bien que todo está lleno de cuerpos animados, y en mi doctrina hay, sin comparación, más almas que átomos en la de Cordemoy, el cual los reduce a un número finito, mientras que yo sostengo que el número de almas, o por lo menos de formas, es completamente infinito, y que siendo la materia infinitamente divisible, no puede señalarse en ella ninguna parte, por pequeña que sea, que no contenga cuerpos animados, o, por lo menos, dotados de una entelequia primitiva, o (si permitís el uso tan general del nombre de vida) de un principio vital, es decir, de substancias corpóreas, de todas las cuales puede decirse en general que son vivas.

2. En cuanto a la otra objeción que presentáis, señor, a saber, que el alma unida a la materia no hace de ella un

ser verdaderamente uno, puesto que la materia no es verdaderamente una en sí misma, y que el alma, según juzgáis, sólo le da una denominación extrínseca, respondo que la substancia animada a la cual esa materia pertenece, es verdaderamente un ser, y que la materia, considerada por la masa en sí misma, no es más que un puro fenómeno o apariencia bien fundada, lo mismo que el espacio y el tiempo. La materia no tiene siquiera cualidades precisas y fijas que la puedan hacer pasar por un ser determinado, como lo indicaba en mi carta precedente, puesto que la figura misma, que es de la esencia de una masa extensa determinada, no es nunca exacta ni está determinada con rigor en la naturaleza, a causa de la división actual al infinito de las partes de la materia. No existe ningún globo sin desigualdades, ni recta sin curvas entremezcladas, ni curva de cierta naturaleza finita sin mezcla de alguna otra, y es lo mismo en las pequeñas partes como en las grandes, lo cual hace que la figura, muy lejos de ser constitutiva de los cuerpos, no es ni siquiera una cualidad enteramente real y determinada fuera del pensamiento, y jamás podrá asignarse a un cuerpo cierta superficie precisa, como podría hacerse si hubiese átomos. Y puedo decir la misma cosa de la magnitud y del movimiento, a saber: que estas cualidades o predicados son fenómenos como los colores y los sonidos, y aunque encierran más conocimiento distinto, no pueden resistir tampoco el análisis extremo, y, por consiguiente, la masa extensa, considerada sin las entelequias, no consistiendo más que en esas cualidades, no es la substancia corpórea, sino un fenómeno mero y simple como el arco iris; por eso los filósofos han reconocido que la forma es la que da el ser determinado a la materia, y los que no se fijan en esto no saldrán jamás del laberinto de *compositione continui* si penetran en él. Sólo las substancias indivisibles y sus diferentes estados son absolutamente reales. Es lo que Parménides y Platón y otros antiguos han reconocido. Por lo demás, concedo que puede darse el nombre de uno a una reunión de cuerpos inanimados, aunque no los ligue ninguna forma substancial, y es así como puedo decir: *he aquí un arco iris, he aquí un rebaño*; pero es una unidad de fenómeno o de pensamiento que no es suficiente para lo que hay de real en los fenómenos. Si se toma por materia de la substancia corpórea, no la masa sin formas, sino una materia segunda, que es la multitud de substancias cuya masa es la del cuerpo entero, puede decirse que estas substancias son partes de esa materia, así como las que entran en nuestro cuerpo forman parte de él; pues nuestro cuerpo es la materia y el alma es la forma de nuestra substancia, y lo mismo sucede con las demás substancias corpóreas. Y no encuentro aquí más dificultad que con respecto al hombre, sobre el cual se está de acuerdo en todo esto. Las dificultades que se encuentran en estas cuestiones se deben, entre otras causas, a que comúnmente no se tiene una noción bastante distinta del todo y de la parte, la cual, en el fondo, no es otra cosa que un requisito inmediato del todo y en cierta manera homogéneo con él. Así, las partes pueden constituir un todo, haya o no haya una verdadera unidad. Es cierto que el todo que tiene una verdadera unidad puede, en rigor, seguir siendo el mismo individuo, aunque pierda o gane partes, como lo experimentamos en nosotros mismos; de suerte que las partes son sólo requisitos inmediatos *pro tempore*. Pero si se entendiese por el término de materia algo que sea siempre esencial a la misma substancia, podría tomarse, en el sentido de algunos escolásticos, como la potencia pasiva primitiva de una substancia, y en este sentido la materia no sería extensa ni divisible, bien que constituiría el principio de la divisibilidad o de lo que de ella aparece en la substancia. Pero no deseo disputar sobre el uso de los términos.

3. Objetáis que sólo admito formas substanciales en el cuerpo animado (lo cual, sin embargo, no recuerdo haber dicho); ahora bien, siendo los cuerpos organizados *plura entia*, se sigue que las formas o almas, muy lejos de hacer de ellos un ser, exigen más bien varios seres para que los cuerpos puedan estar animados. Respondo que, suponiendo que hay un alma o entelequia en los animales u otras substancias corpóreas, es necesario razonar en este punto como pensamos con respecto al hombre, el cual es un ser dotado de una verdadera unidad, que le da su alma, no obstante que la masa de su cuerpo está dividida en órganos, vasos, humores, espíritus, y que las partes están llenas, sin duda, de una infinidad de otras substancias corpóreas dotadas de sus propias entelequias. Como esta tercera objeción se reduce, en esencia, a la precedente, esta solución servirá también para ella.

4. Juzgáis que es sin fundamento que se da un alma a las bestias, y creéis que si hubiese en ellas alguna, sería un espíritu, es decir, una substancia que piensa, puesto que sólo conocemos los cuerpos y los espíritus y no tenemos ninguna idea de otra substancia. Ahora bien, decir que una ostra piensa, que un gusano piensa, es cosa difícil de creer.

Esta objeción se dirige igualmente a todos los que no son cartesianos; pero, fuera de que debe creerse que no carece completamente de razón la opinión de todo el género humano, según la cual las bestias experimentan sensaciones, me parece haber hecho ver que toda substancia es indivisible, y, por consiguiente, que toda substancia corpórea debe tener un alma o, por lo menos, una entelequia que guarde analogía con el alma, puesto que de otra manera los cuerpos serían sólo fenómenos.

Asegurar que toda substancia que no es divisible (es decir, en mi opinión, toda substancia en general) es un espíritu y debe pensar, me parece incomparablemente más osado y más destituido de fundamento que la conservación de las formas. Sólo conocemos cinco sentidos y cierto número de metales, ¿debe concluirse de esto que no hay otros en el mundo? Es mucho más probable que la naturaleza, que ama la variedad, haya producido otras formas que las que piensan. Si puedo probar que no hay otras figuras de segundo grado que las secciones cónicas, es porque tengo una idea distinta de estas líneas, la cual me proporciona el medio de llegar a una exacta división; pero como no tenemos la idea distinta del pensamiento y no podemos demostrar que la noción de una substancia indivisible es la misma cosa que la de una substancia que piensa, carecemos de razón para asegurarlo. Estoy de acuerdo en que la idea que tenemos del pensamiento es clara, pero no todo lo que es claro es distinto. Sólo por el sentimiento interior conocemos el pensamiento (como ha observado el P. Malebranche); pero sólo pueden conocerse por sentimiento las cosas que se han experimentado, y como no hemos expe-

las funciones de las demás formas, no hay que asombrarse de que no tengamos una idea clara de ellas; pues no podríamos conseguirlo, aun cuando se admitiese que existen esas formas. Es un abuso querer emplear las ideas confusas, por claras que sean, para probar que una cosa no puede existir. Y cuando sólo considero las ideas distintas, me parece que puede concebirse que los fenómenos divisibles o de varios seres pueden expresarse o representarse en un solo ser indivisible, y esto basta para concebir una percepción sin que sea necesario atribuir pensamiento o reflexión a esa representación. Desearía poder explicar las diferencias o grados de las demás expresiones inmateriales que no tienen pensamiento, a fin de distinguir las substancias corpóreas o vivas de los animales en cuanto sea posible; pero no he meditado bastante sobre esto ni examinado mucho la naturaleza para poder juzgar de las formas por la comparación de sus órganos y operaciones. Malpighi, fundado en analogías muy notables de la anatomía, se inclina a creer que las plantas pueden ser comprendidas en el mismo género que los animales, y que son animales imperfectos.

5. Sólo queda ahora responder a los inconvenientes que alegáis, señor, contra la indestructibilidad de las formas substanciales. En primer lugar, me asombra que la encontréis extraña e insostenible, pues, según vuestras propias opiniones, todos los que atribuyen alma y sensación a las bestias deben sostener esta indestructibilidad. Estos supuestos inconvenientes no son más que preocupaciones de la imaginación que pueden detener al vulgo, pero que nada pueden en espíritus capaces de meditación. Por esto creo que será fácil satisfaceros en este punto. Los que con-

ciben que hay casi una infinidad de pequeños animales en la más pequeña gota de agua, como lo revelan las experiencias de Leewenhoeck, y que no encuentran extraño que la materia esté llena por todas partes de substancias animadas, tampoco se asombrarán de que haya algo animado en las cenizas mismas, y que el fuego pueda transformar un animal y reducirlo a un tamaño muy pequeño, en lugar de destruirlo completamente. Lo que puede decirse de una oruga o gusano de seda, puede afirmarse también de ciento o de mil; pero de aquí no se sigue que renazcan gusanos de seda de las cenizas. No es éste quizá el orden de la naturaleza. Sé que muchos aseguran que las virtudes seminales permanecen de tal manera en las cenizas, que las plantas pueden renacer de ellas, pero no quiero servirme de experiencias dudosas. Si estos pequeños cuerpos organizados, envueltos por una especie del contracción que se produce en un cuerpo mayor que acaba de corromperse, están, al parecer, completamente fuera de la línea de la generación, o si pueden volver a su tiempo al teatro de la vida, es lo que no podría determinar. Éstos son secretos de la naturaleza, ante los cuales los hombres deben reconocer su ignorancia.

6. Sólo en apariencia y por obra de la imaginación la dificultad es mayor con respecto a animales más grandes que sólo se ven nacer de la unión de dos sexos, lo que al parecer no es menos verdadero de los insectos menores. Hace tiempo que sé que Leewenhoeck tiene opiniones muy semejantes a las mías, en cuanto sostiene que hasta los más grandes animales nacen por una especie de transformación; no oso ni aprobar ni rechazar en detalle su opinión,

pero la considero muy verdadera en general, y Swammerdam, otro gran observador y anatomista, dejaba ver que se inclinaba también a lo mismo. Ahora bien, el juicio de estos señores vale más que el de muchos otros en estas materias. Es cierto que no advierto que hayan llevado su opinión hasta decir que la corrupción y la muerte misma son también una transformación en los seres vivos destituidos de alma racional, como yo lo sostengo; pero creo que si hubiesen reflexionado sobre esta opinión, no la hubieran encontrado absurda, pues nada hay tan natural como creer que lo que no comienza tampoco perece. Y cuando se reconoce que todas las generaciones no son sino crecimientos y desarrollos de un animal ya formado, es fácil persuadirse de que la corrupción o la muerte no es otra cosa que la disminución y contracción de un animal que no deja de subsistir y permanecer vivo y organizado. Es cierto que no es tan fácil inducir a su aceptación por experiencias particulares, como en el caso de la generación, pero se ve la razón de ello: es porque la generación avanza de una manera natural y lenta, lo cual nos da tiempo para observarla, pero la muerte lleva demasiado hacia atrás, camina *per saltum*, y retorna, sobre todo, a partes demasiado pequeñas para nosotros, porque se realiza ordinariamente de una manera muy violenta, lo cual nos impide apercibir el detalle de esta retrogradación. Sin embargo, el sueño, que es una imagen de la muerte, los éxtasis, el envolvimiento del gusano de seda en su capullo, que puede pasar por una muerte, la resurrección de las moscas ahogadas, que se logra por medio de un polvo seco con que se las cubre (mientras que permanecerían muertas de verdad si no se las socorriese), y la de las golondrinas que establecen su cuartel de invierno en las cañas y que se las encuentra sin trazas de vida, las experiencias de los hombres muertos de frío, ahogados o estrangulados a quienes se les ha hecho volver en sí, sobre lo cual un hombre de juicio ha escrito un tratado en alemán no hace mucho tiempo, en el cual, después de exponer algunos ejemplos, incluso de su propia cosecha, exhorta a los que se encuentran en el lugar en que hay tales personas a hacer mayores esfuerzos que los que se hacen comúnmente para salvarlas, y prescribe el método. Todas estas cosas pueden confirmar mi opinión de que esos diferentes estados sólo difieren de grado, y si no hay medio de practicar resurrecciones en otros géneros de muertes, es o porque no se sabe lo que debe hacerse, o porque, aun cuando se supiera, nuestras manos, nuestros instrumentos y nuestros remedios no pueden lograrlo, sobre todo cuando la disolución se produce primero en partes muy pequeñas. No hay, pues, que detenerse en las nociones que el vulgo pueda tener de la muerte y de la vida, cuando se tienen analogías y, lo que es más, argumentos sólidos que prueben lo contrario. En efecto, creo haber demostrado que debe haber entelequias si hay substancias corpóreas, y cuando se admiten esas entelequias o esas almas, hay que reconocer su inengendrabilidad e indestructibilidad; después de lo cual es incomparablemente más racional concebir las transformaciones de los cuerpos animados que imaginarse el tránsito de las almas de un cuerpo a otro, antiquísima creencia que al parecer sólo se debe a que se comprendió mal la transformación. Decir que las almas de las bestias subsisten sin cuerpo, o que permanecen ocultas en un cuerpo que no está organizado, no parece una cosa tan natural. Si al animal que resulta de la contracción del cuerpo del cordero que Abraham inmoló en lugar de Isaac, se le debe llamar cordero, es una cuestión de nombre, poco más o menos como sería la cuestión de si a una mariposa se le puede llamar gusano de seda. La dificultad que encontráis, señor, con respecto a ese cordero reducido a cenizas, sólo se debe a que no me había explicado bastante, pues suponéis que no queda ningún cuerpo organizado en esas cenizas, lo cual os da derecho a decir que sería una cosa monstruosa esa infinidad de almas sin cuerpos organizados, mientras que yo supongo que, naturalmente, no hay alma sin cuerpo animado, ni cuerpo animado sin órganos; y me parece que ni las cenizas ni ninguna otra masa son incapaces de contener cuerpos organizados.

En cuanto a los espíritus, es decir, a las substancias que piensan, que son capaces de conocer a Dios y descubrir verdades eternas, sostengo que Dios los rige según leyes diferentes de aquéllas con que gobierna el resto de las substancias. Pues como todas las formas de substancias expresan todo el universo, puede decirse que las substancias brutas expresan más bien al mundo que a Dios, pero que los espíritus expresan más bien a Dios que al mundo. Además, Dios gobierna las substancias brutas según las leyes materiales de la fuerza o de la comunicación del movimiento, pero a los espíritus según las leyes espirituales de la justicia, de que no son susceptibles las otras. Y por esta razón las substancias brutas pueden llamarse materiales, porque la economía que Dios observa con respecto a ellas es la de un obrero o maquinista; pero con respecto a los espíritus, Dios desempeña la función de príncipe o legislador, que es infinitamente más elevada. Y puesto que Dios no es con respecto a esas substancias materiales más que lo que es con respecto a todo, a saber, el autor general de los seres, asume otro papel con respecto a los espíritus, que le conciben revestido de voluntad y de cualidades morales, puesto que él mismo es un espíritu, como cualquiera de nosotros, y hasta entra con nosotros en una relación de sociedad, cuyo jefe es él. Esta sociedad o república general de los espíritus bajo este soberano monarca es la parte más noble del universo, y está compuesta de otros tantos pequeños dioses bajo este gran Dios. Pues puede decirse que los espíritus creados no difieren de Dios sino de lo más a lo menos, de lo finito a lo infinito. Y puede asegurarse verdaderamente que todo el universo no ha sido creado sino para contribuir al ornato y la felicidad de esta ciudad de Dios. Por lo cual todo se halla dispuesto de manera que las leyes de la fuerza o las leyes puramente materiales conspiren en todo el universo a la ejecución de las leyes de la justicia o del amor, nada pueda perjudicar a las almas que se ponen en manos de Dios y todo deba resultar para el mayor bien de los que le aman. Por esta razón, como los espíritus deben conservar su personalidad y sus cualidades morales a fin de que la ciudad de Dios no pierda ninguna persona, es preciso que conserven particularmente una especie de reminiscencia o conciencia, es decir, el poder de saber lo que son, de lo cual depende toda su moralidad, sus penas y sus castigos, y, por consiguiente, es necesario que estén exentos de esas revoluciones del universo que haría que no se conociesen a sí mismos y, moralmente hablando, los convertiría en otras personas; mientras que es suficiente que las substancias brutas sigan siendo simplemente el mismo individuo, en riguroso sentido metafísico, aunque estén sujetas a todos los cambios imaginables, puesto que no tienen conciencia o reflexión. En cuanto al estado del alma humana después de la muerte y a cómo está exenta del trastorno de las cosas, sólo la revelación puede instruirnos de ello detalladamente, pues la jurisdicción de la razón no se extiende tan lejos. Quizá se objetará mi idea de que Dios ha otorgado almas a todas las máquinas naturales que eran capaces de tenerlas, porque, ya que las almas no se estorban mutuamente ni ocupan lugar, es posible otorgárselas, tanto más cuanto que es mayor perfección el tenerla y puesto que Dios hace todo de la manera más perfecta posible, *et non magis datur vacuum formarum quam corporum*. Podría, pues, decirse con la misma razón que Dios debía también otorgar almas racionales o capaces de reflexión a todas las substancias animadas. Pero respondo que las leyes superiores a las de la naturaleza material, a saber, las leyes de la justicia, se oponen a ello, y puesto que el orden del universo no habría permitido que se aplicase la justicia a todas, era necesario, por lo menos, que no fuesen víctimas de ninguna injusticia; por esto se las ha hecho incapaces de reflexión o de conciencia y, por consiguiente, de felicidad y de desgracia.

En fin, para resumir mis pensamientos en pocas palabras, sostengo que toda substancia encierra en su estado presente todos sus estados pasados y por venir y expresa también todo el universo según su punto de vista, no habiendo nada que no mantenga comercio con ella, el cual se hará, de manera particular, según la relación que guarda con las partes de su cuerpo, que ella expresa más inmediatamente; y, por consiguiente, nada le sucede que no venga de su fondo y en virtud de sus propias leyes, con tal que se añada a esto el concurso de Dios. Pero la substancia se apercibe de las demás cosas, porque las expresa naturalmente, habiendo sido creada desde el principio de manera que lo pueda hacer en lo sucesivo y ajustarse a ello como se debe; y en esta obligación impuesta desde el comienzo consiste lo que se llama la acción de una substancia sobre otra. En cuanto a las substancias corpóreas, sostengo que la masa cuando sólo se considera en ella lo que es divisible, es un mero fenómeno; que toda substancia tiene una verdadera unidad, en riguroso sentido metafísico, y que es indivisible, inengendrable e incorruptible; que toda la materia debe estar llena de substancias animadas o por lo menos vivas; que las generaciones y las corrupciones no son sino transformaciones de lo pequeño a lo grande, *o viceversa*, y que no hay partícula de materia en la cual no se encuentre un mundo de una infinidad de criaturas, tanto organizadas como amontonadas, y, sobre todo, que las obras de Dios son infinitamente más grandes, más bellas, más numerosas y mejor ordenadas de lo que se cree comúnmente, y que la máquina o la organización, es decir, el orden le es esencial hasta en sus menores partes. Y así, no hay hipótesis que haga conocer mejor la sabiduría de Dios como la nuestra, según la cual hay por todas partes substancias que indican su perfección y que son otros tantos espejos, pero diferentes, de la belleza del universo, no habiendo nada vacío, estéril, inculto y sin percepción.

Hay que considerar también como indudable que las leyes del movimiento y las revoluciones de los cuerpos sirven a las leyes de justicia y de policía, que se observan, sin duda, lo mejor posible en el gobierno de los espíritus, es decir, de las almas inteligentes que entran en sociedad con Dios y forman con él una especie de ciudad perfecta, de la cual es monarca.

Creo ahora, señor, haber respondido a todas las objeciones que habéis expuesto, o por lo menos indicado, e incluso otras que me parecía que podíais hacer. Es cierto que esto ha hecho que me extendiera mucho; pero me habría sido más difícil encerrar lo mismo en menos palabras, y quizá hubiese incurrido en oscuridad. Creo ahora que encontraréis mis opiniones bastante bien trabadas, tanto entre sí mismas como con las opiniones admitidas. Yo no invierto las opiniones establecidas, sino que las explico y las desarrollo. Si tenéis tiempo para revisar un día lo que habíamos finalmente establecido sobre la noción de una substancia individual, encontraréis quizá que, si se me conceden esas bases, habrá que concedérseme después todo el resto. Sin embargo, he tratado de escribir esta carta de suerte que se explique y se defienda por sí misma. También podrán separarse las cuestiones, pues los que no quieran reconocer que hay almas en las bestias y formas substanciales en otra parte, podrán, no obstante, aprobar la manera como explico la unión del espíritu y el cuerpo y todo lo que digo de la verdadera substancia; y, sin tales formas ni nada que tenga verdadera unidad, o bien recurriendo a los puntos o a los átomos, si así les parece, podrán salvar la realidad de la materia y de las substancias corpóreas, y aun dejar este punto indeciso, pues se pueden limitar las investigaciones al punto que se crea conveniente. Pero no es necesario permanecer en tan buen camino cuando se desean tener ideas verdaderas del universo y de la perfección de las obras de Dios, las cuales nos suministran también los más sólidos argumentos con respecto a Dios y a nuestra alma.

Es extraño que el abate Catelan se haya alejado completamente de mi opinión, como vos, señor, lo sospechabais. Enuncia tres proposiciones, y dice que yo encuentro contradicción en ellas. Pero no encuentro ninguna, y me sirvo de esas mismas proposiciones para probar lo absurdo del principio cartesiano. He aquí lo que resulta de tener que tratar con personas que sólo consideran las cosas superficialmente. Si esto sucede en un problema de matemática, ¿qué no debería esperarse en metafísica y en moral? Por esto me considero feliz de haber encontrado en vos un censor igualmente exacto y justo. Os deseo de nuevo muchos años de vida en interés del público y del mío, y soy, etc.

## LEIBNIZ A ARNAULD

*A. M. Arnauld, Nuremberg, 14 de enero de 1688.*

Señor,

Habréis visto quizá en las *Nouvelles de la République des Lettres* del mes de septiembre mi réplica al abate Catelan. Es cosa extraña ver que muchas personas responden, no a lo que se les dice, sino a lo que se imaginan. He aquí lo que el abate ha hecho hasta ahora. Por esto ha sido necesario abreviar razones y reducirlo todo a la primera objeción. Sólo me he valido de la ocasión de esa disputa para proponer un problema geométrico mecánico de los más curiosos y que acababa de resolver, a saber: encontrar una línea, que llamo isócrona, en la cual el cuerpo pesado desciende uniformemente y se acerca igualmente al horizonte en tiempos iguales, no obstante la aceleración que le es impresa, que compenso por el cambio continuo de la inclinación. Lo cual he hecho con el fin de hacer decir algo útil y hacer sentir al señor abate que el análisis ordinario de los cartesianos resulta insuficiente en los problemas difíciles. He logrado éxito en parte. En efecto, el señor Hugens ha dado la solución de aquél en las *Nouvelles* de octubre. Sabía bastante bien que el señor Hugens lo podía hacer, y por eso no esperaba que se molestara, o por lo menos que publicara su solución y desembarazase al señor abate. Pero como la solución del señor Hugens es en parte enigmática, según parece, para reconocer si yo la he alcanzado también, le envío el suplemento, y, con todo, veremos lo que de él dirá el señor abate. Es cierto que una vez que se conoce la naturaleza de la línea que ha publicado el señor Hugens, el resto se termina por el análisis ordinario. Pero sin eso la cosa es difícil. En efecto, la convergencia de las tangentes o *data tangentium propietate invenire lineam,* a lo cual se reduce ese problema propuesto, es una cuestión a la que Descartes mismo ha confesado en sus cartas no dominar. Pues muy a menudo ella asciende a las trascendentes, como yo la llamo, que no tienen ningún grado, y cuando baja a las curvas de un cierto grado, como sucede aquí, un analista ordinario tendría dificultad en reconocerlo.

Por lo demás, desearía con todo mi corazón que pudieseis disponer de ocio para meditar una media hora sobre mi objeción contra los cartesianos, que el señor abate trata de resolver. Vuestras luces y vuestra sinceridad me aseguran que os haré tocar el punto y que reconoceréis de buena fe lo que es él. La discusión no es larga, y la cuestión es de consecuencias, no sólo para la mecánica, sino también para la metafísica, pues el movimiento en sí mismo separado de la fuerza es sólo una cosa relativa, y no podría determinar su causa. Pero la fuerza es cosa real y absoluta, y como su cálculo es diferente del cálculo del movimiento, como demuestro claramente, no hay que asombrarse de que la naturaleza conserve la misma cantidad de fuerza y no la misma cantidad de movimiento. Sin embargo, resulta que hay en la naturaleza otra cosa que la extensión y el movimiento, a menos que se niegue a las cosas toda la fuerza o potencia, lo cual sería cambiarlas de substancias en modo, como hace Spinoza, que quiere que sólo Dios sea una substancia y que todas las demás cosas no sean sino modificaciones de ella. Ese Spinoza está lleno de sueños muy embarazosos, y sus supuestas demostraciones *de Deo* no tienen de ello sino la apariencia. Sin embargo, sostengo que una substancia creada no obra sobre otra, en riguroso sentido metafísico, es decir, con una influencia real. Por eso no podría explicarse distintamente en qué consiste esta influencia si no es con respecto a Dios, cuya operación es una creación continua y en cuyo principio está la dependencia esencial de las criaturas. Pero a fin de hablar como los demás hombres, los cuales tienen razón para decir que una substancia obra sobre otra, hay que dar otra noción a lo que se llama acción, lo cual sería demasiado extenso deducir aquí, y, por lo demás, me remito a mi última carta, que es bastante prolija.

No sé si el R. P. Malebranche ha replicado a mi respuesta que di en el verano del año pasado, en la cual enuncio de nuevo otro principio general, que sirve tanto en mecánica como en geometría, y el cual echa abajo manifiestamente tanto las leyes del movimiento de Descartes como las de aquel Padre, junto con lo que él ha dicho en las *Nouvelles* para justificarlas.

Si alguna vez llego a disponer de bastante ocio, deseo concluir mis meditaciones sobre la característica general o especie de cálculo universal, que debe servir en las demás ciencias como en las matemáticas. He realizado ya algunos buenos ensayos de aquélla, y tengo definiciones, axiomas, teoremas y problemas muy notables de la coincidencia, de la determinación (o *de unico*), de la similitud, de la relación en general, de la potencia o causa, de la substancia, y por todas partes procedo por letras de una manera precisa y rigurosa, como en el álgebra. Tengo también algunos ensayos de jurisprudencia, y puede decirse, en verdad, que no hay autores cuyo estilo se aproxime más al de los geómetras que el estilo de los jurisconsultos en los digestos. Pero, me diréis, ¿cómo puede aplicarse ese cálculo a materias conjeturales? Yo respondo que de esta manera es como Pascal, Hugens y otros han dado demostraciones *de alea*. En efecto, se puede siempre determinar lo más probable y lo más seguro tanto como es posible conocer *ex datis*.

Pero no debo deteneros más, y quizá es ya demasiado. No osaría hacerlo tan a menudo, si las materias sobre las cuales he deseado saber vuestro juicio no fuesen tan importantes. Ruego a Dios conservaros todavía mucho tiempo, a fin de que podamos aprovechar siempre vuestras luces, y soy con celo,

Señor, etc.

## LEIBNIZ A ARNAULD

Señor,

Estoy a punto de regresar a mi casa después de un largo viaje realizado por orden de mi príncipe con el fin de llevar a cabo investigaciones históricas, en las cuales he encontrado diplomas, títulos y pruebas indubitables, propias para justificar el común origen de las serenísimas casas de Brunswick y de Este, que los señores Justel, del Cange y otros tenían mucha razón de poner en duda, porque había contradicciones y falsedades en los historiadores de Este sobre ese asunto, con una completa confusión de las épocas y de las personas. Ahora pienso descansar y recuperar el ritmo de antes, y ya que os he escrito hace dos años, un poco antes de mi partida, me tomo esa misma libertad para informarme de vuestra salud y para haceros saber cuánto están siempre presentes en mi espíritu las ideas de vuestro mérito eminente. Cuando estaba en Roma, vi la denuncia de una nueva carta, que se atribuía a vos o a vuestros amigos. Y después leí la carta del R. P. Mabillon a uno de mis amigos, en la cual se decía que la apología del R. P. Le Tellier para los misioneros contra la práctica moral de los jesuitas había producido en muchos impresiones favorables a esos padres, pero que él había oído que vos habíais replicado a eso, y se decía que habíais aniquilado geométricamente las razones de aquel padre. Toda esto me ha hecho pensar que estáis aún en estado de prestar servicio al público, y ruego a Dios que ello sea por mucho tiempo. Es cierto que se trata de mi interés; pero es un interés loable, que puede proporcionarme el medio de aprender, ya en común con todos los demás que leerán vuestras obras, ya en particular, cuando vuestros juicios me instruyan, si el poco ocio de que disponéis me permite esperar aún algunas veces ese favor.

Como este viaje me ha servido para descansar el espíritu de las ocupaciones ordinarias, he tenido la satisfacción de conversar con muchas personas hábiles en materia de ciencias y de erudición, y he comunicado a algunos mis propios pensamientos particulares, los cuales conocéis, para aprovecharme de sus dudas y dificultades; y ha habido algunos, que no estando satisfechos de las doctrinas comunes, han encontrado una satisfacción extraordinaria en algunas de mis opiniones, lo cual me ha llevado a sentarlas por escrito, a fin de que se las pueda comunicar más fácilmente; y quizá las haré imprimir alguna vez en ejemplares sin mi nombre, para hacer partícipe de ellas a amigos solamente, con el objeto de tener su juicio. Yo desearía que vos las pudiéseis examinar primero, y por eso os he hecho el siguiente resumen:

El cuerpo es un agregado de substancias, y no una substancia, propiamente hablando. Por consiguiente, es necesario que en todo el cuerpo se encuentren substancias indivisibles, inengendrables e incorruptibles, que tienen alguna semejanza con las almas. Que todas esas substancias siempre han estado y estarán siempre unidas a cuerpos orgánicos, diversamente transformables. Que cada una de ellas contiene en su naturaleza "legem continuationis seriei suarum operationum", y todo lo que le ha ocurrido y ocurrirá. Que todas sus acciones proceden de su propio fondo, excepto la dependencia de Dios. Que cada substancia expresa el universo todo entero, pero una más distintamente que otra, y cada una, sobre todo, con respecto a ciertas cosas y según su punto de vista. Que la unión del alma con el cuerpo, y también la operación de una substancia sobre otra, no consiste sino en ese perfecto acuerdo mutuo, establecido expresamente por el orden de la primera creación, en virtud del cual cada substancia, según sus propias leyes, está presente en el momento en que las otras lo exigen, y de esta manera, las operaciones de la una siguen o acompañan la operación o el cambio de la otra. Que las inteligencias o almas capaces de reflexión y del conocimiento de las verdades eternas y de Dios, tienen muchos privilegios que las eximen de las revoluciones de los cuerpos. Que para ellas es necesario unir las leyes morales a las físicas. Que todas las cosas son creadas para ellas principalmente. Que forman juntas la república del universo, cuyo monarca es Dios. Que hay una perfecta justicia y policía en esa ciudad de Dios, y que no hay mala acción sin castigo, ni buena sin una recompensa proporcionada. Que cuanto más se conozcan las cosas, tanto más se las encontrarán bellas y conformes con los deseos que un sabio pudiera tener. Que hay que estar contento siempre del orden del pasado, porque es conforme con la voluntad absoluta de Dios, que se conoce por el resultado; pero hay que hacer que el porvenir, en cuanto depende de nosotros, sea conforme con la voluntad presunta de Dios o con sus mandatos; adornar nuestra Esparta y trabajar por el bien, sin disgustarse, no obstante, cuando no se tiene ningún buen éxito en ello, en la firme creencia de que Dios sabrá encontrar el momento más adecuado para los cambios mejores. Que los que no están contentos con el orden de las cosas no podrían presumir de amar a Dios como se debe. Que la justicia no es otra cosa que la caridad del sabio. Que la caridad es una benevolencia universal, cuya ejecución dispensa el sabio en conformidad con las normas de la razón, a fin de obtener el mayor bien. Y que la sabiduría es la ciencia de la felicidad o de los medios de lograr el contento durable, ciencia que consiste en un encaminamiento continuo hacia una mayor perfección, o a lo menos en las variaciones de un mismo grado de perfección.

Con respecto a la física, es necesario comprender la naturaleza de la fuerza, que es completamente diferente del movimiento, que es cosa más relativa. Que hay que medir esa fuerza por la cantidad del efecto. Que hay una fuerza absoluta, una fuerza directiva y una fuerza relativa. Que cada una de estas fuerzas se conserva con el mismo grado en el universo o en toda máquina que no se comunica con las demás, y que las dos últimas fuerzas, consideradas juntas, componen la primera o absoluta. Pero que no se conserva la misma cantidad de movimiento, puesto que yo muestro que, de otro modo, se encontraría el movimiento perpetuo y el efecto sería más poderoso que su causa.

Hace ya algún tiempo que publiqué en las *Actas de Leipzig* un ensayo de física para encontrar las causas físicas de los movimientos de los astros. Establezco como fundamento que todo movimiento de un sólido en el fluido que se hace en línea curva o cuya velocidad es continuamente variada, procede del movimiento del fluido mismo. De donde saco esta consecuencia: que los astros tienen órbitas diferentes, pero fluidas. He demostrado una importante proposición general: que todo cuerpo que está en movimiento circular armónico (es decir, de manera que estando en progresión aritmética las distancias al centro, las velocidades están en progresión armónica o recíprocas a las distancias) y que, además, tiene un movimiento paracéntrico, es decir, de gravedad o de levedad con respecto al mismo centro (cualquiera sea la ley que rija esa atracción o repulsión), tiene las áreas necesariamente como los tiempos, en la forma como Kepler lo ha observado en los planetas. Después, considerando *ex observationibus* que ese movimiento es elíptico, encuentro que el cuerpo del movimiento paracéntrico, el cual, unido a la marcha armónica, describe elipsis, debe ser tal, que las gravitaciones estén en una relación recíproca a los cuadrados de las distancias, es decir, como las iluminaciones *ex sole*.

No os diré nada de mi cálculo de los aumentos o diferencias, por el cual llego a éstos sin quitar las irracionalidades y fracciones, aun cuando la incógnita está encerrada ahí, y reduzco las cuadraturas y problemas trascendentales al análisis. Y no hablaré tampoco de un análisis enteramente nuevo, adecuado a la geometría y completamente diferente del álgebra; y menos aún de algunas otras cosas, de las cuales no he tenido aún tiempo de proporcionar pruebas, que desearía poder explicarlas todas en pocas pa-

labras para tener vuestro juicio, el cual me serviría infinitamente, si tenéis tanto ocio como yo deferencia hacia él. Pero vuestro tiempo es muy precioso, y mi carta es ya bastante prolija; por eso concluyo aquí, y soy con pasión,
  Señor,

Vuestro humildísimo y obedientísimo servidor,

*Leibniz.*

*En Venecia, 23 de marzo de 1690.*

# Índice de temas[1]

agregación, seres por, 82-83, 83-85, 92-93, 94-95, 117-119, 119-120, 124-127, 143-145, 147-148
alma, de las bestias, 83-84, 93-94, 94-95, 142-144, 153-154
 forma substancial, 93-95
 indivisible, 142-143, 143-144
 indestructible, 93-94, 142-143
 inmortal, 52-53
 mundo aparte, 52-53
 racional, 83-84, 93-94, 136-137, 142-143
 expresa el universo, 109, 135-141
 y cuerpo 53-54, 68-70, 81, 88-92, 109-112, 113-116, 135-140, 147-148, 158, 166-167
átomos, 86-87, 117-118, 122, 158

bestias, 93-94, 94-95, 138-139, 143-144, 148-149, 150-151, 153-156, 158
bourgeoisie, droit de, 127

característica general, 162
caridad, 167

colores, 124, 146
contingencia, 44, 49-51, 51-52, 52-53, 65-66
continuo, 86, 95, 120-121, 146-147
contradicción, principio de, 70-71
conocimiento demostrativo, 98-99
 distinto, 97-98
 histórico, 97-98

definiciones nominales, 71-72
 reales, 71-72

elección, 66
entelequia, 145, 146, 149, 153
esencia, 57
espacio, 140-141, 146
especie, 41-42, 50-52, 56-58, 59-60, 60-61, 61-62
espíritu, Dios, 154-155
 perfección del, 97-98, 98-99
 y cuerpo, 113-114, 116-117
espíritus, ciudad de los, 123, 154-155, 158, 166-167
 distinguidos de las almas brutas, 153-156

---

[1] Sólo se registran en este Índice los términos que se encuentran en las cartas de Leibniz.

extensión, 63, 69-70, 70-71, 86-87, 92-94, 119-122, 161-162

fenómenos, 49-50, 69-70, 84-85, 85-86, 90-93, 94-95, 111, 118-121, 124-126, 146-147
figura, 85-85, 120, 146
física, 86-87, 94-95, 120-122, 167-168
formas substanciales, 69-70, 82-83, 84-86, 92-95, 111-113, 119-120, 142-143, 145-150, 158
fuerza, 161-162, 167-168

geometría, 51-52, 85-86, 94-95, 168
gracia, 98-99

idea verdadera, 71-72
inmortalidad, 68-69

justicia, 154-155, 158, 166-167

leyes del movimiento, 44-45, 141-142, 167-169
 de la naturaleza, 45, 59-60, 113-114
libertad, 17-21, 24-26, 44-45, 49-50, 52-53, 56-57, 60-61, 66, 69-70
lleno, 120-121

máquina, 85-86, 94-95, 117-118, 118-120, 124, 156-157, 167-168
masa, 121, 146, 157
materia, fenómeno mero y simple, 146, 157
 infinitamente divisible, 85-86, 145-146
 llena de substancias animadas, 145, 157
 *plura entia*, 144-145

mecánica, 70-71, 85-87, 120-121, 161
metafísica, 71-72, 94-95, 98, 121, 161
metempsicosis, 123
milagro, 44-46, 59-60, 68-69, 112-114, 115-116, 142
modo, 125-126, 161-162
movimiento, cantidad del, 161-162, 167-168
 dirección del, 114-116
 leyes del, 44-45, 141-142, 167-169
 cosa relativa, 68, 89-90, 161, 167-168
 no es enteramente real, 84-85, 111-112, 110,120, 146
 origen del, 88-90, 111, 141-142
muerte, 94, 123, 151-153

necesidad hipotética, 17-18, 20-21, 39-40, 56
 absoluta, 17-18, 39-40
 metafísica, 40

percepciones confusas, 137-138
 pequeñas, 110, 137-138
posibilidad, 41-45, 46-47, 49-51, 57-61, 63-65
proposiciones idénticas, 119
puntos matemáticos, 117-118

razón suficiente, principio de, 67, 70-71
resurrección, 152-153

sabiduría, 167-168
sonidos, 146
substancia, 62-63, 88, 92-93, 125-127, 146, 148-150, 157-158, 161, 165

cómo obra una sobre otra, 53-54, 157

indestructible, 53, 59-60
individual, 41-42, 44-46, 47-48, 50-51, 56-58, 60-62, 67, 81-82, 143,144
  mundo aparte, 67
  expresa el universo, 44-46, 54, 59-60, 67, 81-82, 88, 90-91, 121, 138-139, 153-154, 156-157, 166-167
  unidad verdadera, 83-85, 117-121, 157

substancias, están interrelacionadas, 136-137, 166-167
  comunicación de las, 53-54, 68-70, 81-82, 90-91, 138-141
  no mantienen interacción, 91-92, 161-162

sueños, 127
sujeto y predicado, 47-49, 51-53, 60-61, 67

teología natural, 98
tiempo, 140-141, 146
todo y parte, 147
transformaciones, 82-83, 93-94, 123, 143-144, 150-154, 164

verdades contingentes, 52-53, 57-58, 59-60
  de hecho, 42-43, 57-58, 60-61
  eternas o necesarias, 41, 57-58, 59-60, 60-61, 97-98
vacío, 86-87
voluntad, véase libertad

yo, el, 47-49, 51-52, 60-61, 61-62, 68-69, 84-85

# Índice

| | |
|---|---|
| Leibniz al príncipe Ernesto, Landgrave de Hesse | 7 |
| A. Arnauld al Landgrave | 13 |
| Leibniz al Landgrave | 15 |
| Leibniz al Landgrave | 23 |
| A. Arnauld a Leibniz | 27 |
| Notas a la carta de M. Arnauld sobre mi proposición de que la noción individual de cada persona encierra una vez por todas lo que le sucederá siempre | 39 |
| Leibniz a Arnauld | 55 |
| A. Arnauld a Leibniz | 73 |
| Leibniz a Arnauld | 80 |
| Proyecto de una carta a M. Arnauld | 88 |
| Leibniz al Landgrave | 96 |
| A. Arnauld a Leibniz | 100 |
| Leibniz a Arnauld | 109 |
| A. Arnauld a Leibniz | 128 |
| Leibniz a Arnauld | 135 |
| Leibniz a Arnauld | 160 |
| Leibniz a Arnauld | 164 |
| | |
| Índice de temas | 171 |

Este libro se terminó de imprimir
en Indugraf S.A.,
en el mes de agosto de 2005.
www.indugraf.com.ar